बच्चों के लिए रोचक कहानियाँ

डॉ. अंशुमाली पाण्डेय

बाबा नीम करौली महाराज जी के चरणों में समर्पित.

बाबा नीम करौली महाराज (बाबा लक्ष्मण दास) (असल नाम: श्री. लक्ष्मीनारायण शर्मा)

क्रम-सूची

क्रम-सूची

प्रस्तावना

छोटे बच्चों के जीवन में कहानियों द्वारा दी गई शिक्षा बहुत ही ज़रूरी और खास भूमिका निभाती है। बच्चों की कहानियों में कुछ ऐसा ख़ास हमेशा होता ही है की जिससे बड़े भी खींचे चले आतें हैं ।

नीम करोली बाबा की कहानी पढ़कर आप चमत्कृत हुए बिना नहीं रह सकते। लेकिन भारत भूमि हमेशा से ही चमत्कारी संतों और महापुरुषों की भूमि रही है। नीम करोली बाबा ऐसे ही एक चमत्कारी सिद्ध संत थे। जिनके भक्त भारत से ज्यादा अमेरिका और अन्य यूरोपीय देशों में हैं। यहां तक कि आईफोन बनाने वाली कम्पनी के मालिक *स्टीव जॉब्स* और फेसबुक के संस्थापक *मार्क जुकरबर्ग* ने भी नीम करोली बाबा से प्रेरणा और मार्गदर्शन प्राप्त किया था। हालीवुड की प्रसिद्ध अभिनेत्री जूलिया रॉबर्ट्स तो महाराजजी से इतना प्रभावित हुई कि उन्होंने हिन्दू धर्म ही अपना लिया।

डॉ॰ अंशुमाली पाण्डेय

1

स्वर्ण कटोरा

जातक कथाओं के अंतर्गत पूर्व जन्म में बोधिसत्व का नाम सेरिवान था। वे एक बर्तन के व्यापारी थे। वे भगवान बुद्ध थे। अतः ईमानदारी, सदाचार, निस्पृहता आदि गुण उनमें स्वतः ही विद्यमान थे।

एक बार सेरिवान एक अन्य बर्तन व्यापारी के साथ नदी पारकर एक कस्बे में बर्तन बेचने गए। वे पुराने बर्तनों के बदले नए बर्तन देते थे। दूसरा व्यापारी बहुत लालची एवं धूर्त था। कस्बे के किनारे पहुचकर उन्होंने तय किया। जिस गली में एक व्यक्ति बर्तन बेचने जाएगा। दूसरा व्यक्ति उस गली में उस दिन न जाकर दूसरे दिन जाएगा।

उसके बाद वे अलग अलग गली में व्यापार करने निकल पड़े। जिस गली में दूसरा व्यापारी गया। उसी में एक बुढ़िया अपनी पोती के साथ रहती थी। एक समय वे लोग बहुत अमीर थे। लेकिन आज वे बेहद गरीबी में जीवन यापन कर रहे थे।

पोती बहुत दिनों से एक नई थाली खरीदना चाहती थी। लेकिन उनके पास पैसे नहीं थे। आज जब दूसरे व्यापारी ने गली में आवाज लगाई कि पुराने बर्तनों के बदले नए बर्तन ले लो। तो लड़की खुश होकर दादी से बोली-

“देखो दादी, बर्तन वाला पुराने बर्तन के बदले नया बर्तन दे रहा है। हमारे यहां जो पुराने बेकार बर्तन पड़े हैं। उनके बदले हम एक नई थाली ले लेते हैं।”

पोती की इच्छा देख दादी ने स्वीकृति दे दी। पुराने बर्तनों में देखने पर एक बहुत पुराना कटोरा मिला। जो काफी भारी था, लेकिन धूल मिट्टी से बेहद गन्दा और अनुपयोगी था। उन्होंने उसे निकाल लिया और व्यापारी को बुलाकर उसके बदले में एक नई थाली देने को कहा।

व्यापारी ने गौर से उसका निरीक्षण किया तो उसे शक हुआ कि यह कटोरा किसी कीमती धातु का बना है। जब उसने एक सुई से उसके तले को खरोंचा तो पता चला कि यह भारी कटोरा तो सोने का है। दोनों दादी पोती को इसका पता नहीं था।

व्यापारी की आंखें लालच से चमक उठीं। उसने बिना कुछ दिए ही उस कटोरे को लेने की योजना बना ली। उसने कटोरे को जोर से फेंका और क्रोध में भरकर बोला-

"इस बेकार कटोरे से नई थाली नहीं मिल सकती। अरे इससे तो कुछ भी नहीं मिलेगा। तुम लोगों ने मेरा समय नष्ट किया है।" यह कहकर वह पैर पटकता हुआ घर से बाहर निकल गया। दोनों दादी पोती उसके इस अशिष्ट व्यवहार से हैरान और दुखी थीं।

दूसरे दिन सेरिवान उसी गली में बर्तन बेचने गए। आवाज सुनकर पोती ने दादी से फिर थाली लेने की जिद की। दादी ने कल की घटना का स्मरण कराया। तब लड़की बोली, "वह व्यापारी अशिष्ट था। लेकिन यह सज्जन लगता है। एक बार कटोरा इसको भी दिखा लेने में क्या हर्ज है ?

लड़की की जिद के कारण दादी ने सेरिवान को अंदर बुलाकर कटोरा दिखाया। सेरिवान ने कटोरा देखते ही पहचान लिया कि यह शुद्ध सोने का बना है। उन्होनेबड़ी विनम्रतापूर्वक कहा-

"दादी ! यह कटोरा सोने का है और बहुत कीमती है। इसकी कीमत के बराबर न तो मेरे पास बर्तन हैं न ही धन। इसलिए मैं इसका मूल्य नहीं चुका सकता।"

दादी और पोती दोनों आश्चर्यचकित हो गए। दादी बोली, "बेटा ! कल एक व्यापारी आया था। उसने इस कटोरे को बेकार बताया था। ऐसा लगता है कि तुम्हारे हाथ लगाने से ही यह कीमती हो गया है। हमारे लिए तो यह बेकार ही है। तुम जो देना चाहो दे दो और इसे ले जाओ।"

तब सेरिवान ने उन्हें अपने सारे बर्तन और पचास चांदी के सिक्के दे दिए। अपने पास केवल नदी पार करने के लिए नाव वाले को देने के लिए पांच सिक्के बचाये। कटोरा लेकर वे सीधे नदी किनारे आये और नाव में बैठकर नदी पार करने लगे।

इधर दूसरा व्यापारी बूढ़ी दादी के घर पहुंचा और बोला, “लाओ वह कटोरा मुझे दे दो। मैं उसके बदले एक थाली दे देता हूँ। क्योंकि मुझे तुम लोगों पर दया आ गयी है।” उसकी बातें सुनकर दादी क्रोधित होकर बोली - “अरे धूर्त व्यापारी, तूने हमें मूर्ख बनाने की कोशिश की। आज एक भला व्यापारी आया उसने हमें उस कटोरे की सही कीमत दी। तू तुरंत यहां से निकल जा।” यह सुनकर उस लालची व्यापारी के पैरों तले की जमीन खिसक गई।

वह तुरंत सेरिवान के पीछे नदी की ओर भागा। नदी किनारे पहुंचकर उसने देखा कि सेरिवान की नाव तो दूसरे किनारे पर पहुंचने वाली है। सोने का कटोरा खोने का उसे इतना दुख हुआ कि वह पागल हो गया।

उसने अपने पैसे और बर्तन भी फेंक दिए और दुख से रोने लगा। अत्यधिक शोक के कारण उसे हृदयाघात हो गया। जिसके कारण उसकी इहलीला समाप्त हो गयी। सोने के कटोरे के लालच ने उसकी जान ले ली।

2

माता तुल्य शिक्षिका

शहर के प्राथमिक विद्यालय में एक शिक्षिका थीं। उनका नाम मिस मंजू था। वह प्रतिदिन क्लास में घुसते ही मुस्कुराकर सभी बच्चों से बोलती थीं- आई लव यू आल। जबकि वह जानती थीं कि वे झूठ बोल रही थीं।

कक्षा में एक बच्चा था। जिसे वे बिल्कुल प्यार नहीं करती थीं। उसके व्यवहार और रहन सहन ने उनके मन में उस लड़के के प्रति नफरत भर दी थी। उस लड़के नाम राजू था। राजू बेतरतीब और मैले कपड़े पहनकर आता था। उसके बाल भी बिना कंघी किये हुए होते थे।

जबकि अन्य बच्चे अच्छे से तैयार होकर स्कूल आते थे। क्लास में भी वह खोया खोया से रहता था। जब मिस मंजू उससे कुछ पूँछती तो वह चौंक जाता था और खाली खाली नजरों से उन्हें देखता रहता था।

गुस्से में मैडम उसे डाँटतीं, सारे बच्चे उसपर हंसते। लेकिन वह सिर झुकाए चुपचाप सबकुछ सुनता और सहता रहता। बुरे, लापरवाह, गन्दे बच्चे के सारे उदाहरण देने के लिए राजू को लक्ष्य किया जाता था। यह प्रतिदिन का नियम बन चुका था।

प्रथम त्रैमासिक परीक्षा के बच्चों की प्रगति रिपोर्ट बनाते समय मैडम जो भी बुरा राजू के बारे में लिख सकती थीं, उन्होंने लिख दिया। ऐसा नहीं था कि मिस मंजू स्वभावतः बुरी थीं। वे बहुत अच्छी थीं। सभी बच्चे उनसे बहुत प्यार करते थे।

बस राजू के व्यवहार से उन्हें चिढ़ हो गयी थी। जोकि धीरे-धीरे नफरत में बदल गयी। जब राजू की रिपोर्ट प्रिंसिपल मैडम के सामने पहुंची। तो उन्होने मिस मंजू को बुलाकर कहा, “मैडम, कुछ तो अच्छा लिखिए राजू के बारे में वरना उसके पिता को बहुत ठेस पहुंचेगी।”

मिस मंजू कुर्सी से खड़े होते हुए बोलीं, “कुछ अच्छा हो तभी तो लिखा जाएगा।” यह कहकर वे तुरंत वहां से बाहर निकल आईं। अगले दिन प्रिंसिपल मैडम ने राजू की पिछली कक्षाओं की प्रगति रिपोर्ट मिस मंजू की टेबल पर रखवा दीं।

जब मिस मंजू ने अपनी मेज पर राजू की पिछली रिपोर्ट देखीं तो मन ही मन में बोलीं, “पिछली कक्षाओं में भी इसने कौन सा अलग किया होगा। यही सोचते हुए उन्होंने राजू की कक्षा तीन की रिपोर्ट खोली।

रिपोर्ट देखकर मैडम चौंक पड़ीं। समवन लिखा था- “हर बार की तरह राजू इस बार भी कक्षा में प्रथम आया। वह बेहद प्रतिभावान, तेज, विनम्र और मिलनसार है। सभी शिक्षकों एवं सहपाठियों से उसका व्यवहार बहुत अच्छा है।”

आश्चर्य की अवस्था में मैडम ने कक्षा चार की रिपोर्ट खोली। उसमें लिखा था- “राजू की माँ बीमार हैं। राजू की देखभाल करने वाला घर में दूसरा कोई नहीं है। राजू की मां को लास्ट स्टेज का कैंसर है। राजू बेहद संवेदनशील है। माँ की बीमारी का असर राजू की पढ़ाई पर पड़ रहा है।”

आगे लिखा था- “राजू की मां मर चुकी हैं। राजू टूट चुका है। अब वह पहले जैसा नहीं रहा। उसका मन अब पढ़ने में नहीं लगता। वह किसी से बात भी नहीं करता। काश ! राजू इस गम से बाहर निकल पाता।”

आखिरी लाइन पढ़ते पढ़ते मैडम की आंखों से आंसू बहने लगे। उनका मन ग्लानि से भर उठा। बिना कारण जाने ही वे आज तक उससे नफरत करती रहीं। उन्होंने दृढ़ निश्चय किया कि वे राजू को इस स्थिति से निकालकर पहले जैसा बनायेंगीं।

उस दिन कक्षा में उन्होंने सबको आई लव यू आल बोला। लेकिन आज भी उन्हें लगा कि वे झूठ बोल रही हैं। कक्षा में बैठे मैले-कुचैले भावहीन राजू के बराबर वे सबको प्यार नहीं करती हैं।

आज फिर उन्होंने राजू से प्रश्न पूछा। राजू चुपचाप सिर झुकाकर मैडम की डांट और बाकी बच्चों की हंसी की प्रतीक्षा करने लगा। कुछ समय बीतने पर जब दोनों बातें नहीं हुईं तो उसने हैरानी से सिर उठाकर खाली खाली आंखों से मैडम की ओर देखा।

मैडम ने मुस्कुराकर उसे अपने पास बुलाया। सही उत्तर बताकर उन्होंने राजू से उसे दोहराने के लिए कहा। तीन-चार बार कहने के बाद राजू ने उत्तर दोहराया। जिसके बाद मैडम ने खुद भी ताली बजायी और बच्चों से भी बजवाई।

उसके बाद मैडम रोज यही करतीं। साथ ही छोटी छोटी बातों पर राजू की तारीफ करतीं। धीरे धीरे राजू में परिवर्तन दिखने लगा। अब मैडम को जवाब खुद से नहीं बताना पड़ता था। राजू स्वयं जवाब देता था। अब उसका हुलिया भी पहले से सुधर चुका था।

अब उसके कपड़े पहले से साफ सुथरे होते थे। शायद उसने अपने कपड़े खुद धोने शुरू कर दिए थे। वार्षिक परीक्षा में राजू ने कक्षा में द्वितीय स्थान प्राप्त कर लिया था। अब उसे आगे की पढ़ाई के लिए दूसरे विद्यालय जाना था।

अंतिम दिन सभी बच्चे मैडम के लिए सुंदर सुंदर गिफ्ट पैक कराकर लाये थे। मैडम की मेज पर उपहारों का ढेर लगा था। उन्हीं के बीच में पुराने से अखबार में बेतरतीबी से पैक एक पैकेट रखा था। सबको पता था कि वह राजू का गिफ्ट है।

मैडम ने ढेर में से ढूंढकर वह पैकेट निकाला। सारे बच्चे राजू की ओर देखकर हंसने लगे। राजू ने शर्म से नजरें नीची कर लीं। मैडम ने पैकेट खोला तो उसमें आधी भरी हुई इत्र के शीशी और एक साधारण सा कंगन था। राजू अपनी मां का सामान गिफ्ट के रूप में लाया था।

मैडम ने सबके सामने वहीं थोड़ा सा इत्र निकालकर लगाया और कंगन पहन लिया। यह देखकर राजू भी आश्चर्यचकित हो गया। वयः धीरे धीरे चलकर मैडम के पास पहुंचा और थोड़ी देर एकटक उन्हें देखता रहा फिर धीरे से बोला, “आज आपसे मेरी माँ जैसी खुशबू आ रही है।” यह सुनकर मैडम की आंख भर आयी।

समय बीतता गया। राजू एक एक करके कक्षाएँ अच्छे नंबरों से पास करता गया। हर साल के अंत में मैडम को राजू का एक पत्र मिलता। जिसमें वह अपनी प्रगति बताता और साथ में यह भी लिखता कि मुझे बहुत से शिक्षक मिले। लेकिन आप जैसा कोई नहीं है।

कुछ समय बाद राजू की पढ़ाई खत्म हो गयी साथ ही उसके पत्रों का सिलसिला भी खत्म हो गया। मैडम मंजू भी रिटायर हो चुकी थीं। एक दिन अचानक उन्हें राजू का एक पत्र मिला। जिसमें लिखा था कि वह मुम्बई में है और अगले हफ्ते शादी कर रहा है। जिसमें उन्हें अवश्य आना है। नीचे लिखा था- डॉ0 राजू।

साथ में हवाई जहाज का आने जाने का टिकट भी था। पत्र पढ़ते ही उन्हें सारी पुरानी बातें याद हो आईं। उन्होंने राजू के दिये हुए कंगन की ओर देखा जो वे आज भी पहने हुए थीं। उन्होंने राजू की शादी में जाने का निश्चय किया।

निर्धारित दिन पर वे वहां पहुंचने में थोड़ा लेट हो गईं। उस पार्टी में बड़े-बड़े बिजनेसमैन, नेता और अफसर थे। आज राजू देश का प्रसिद्ध हार्ट सर्जन बन चुका था। सारे मेहमान और वर-वधू सब उनका इंतजार कर रहे थे।

राजू एकटक गेट की ओर देख रहा था। जैसे ही मैडम मंजू ने प्रवेश किया वह दौड़कर उनके पास पहुंचा। उनका हाथ पकड़कर वह स्टेज पर ले गया और माइक लेकर बोला, “दोस्तों ! आप हमेशा मुझसे मेरी माँ के बारे में पूछते थे। यह मेरी माँ हैं।”

मैडम और राजू दोनों डबडबायी आंखों से एक दूसरे को देख रहे थे। मैडम की आंखों में आज माँ का वात्सल्य नजर आ रहा था। राजू मुस्कुराते हुए बोला, “आज आप बिलकुल मेरी माँ जैसी लग रही हैं।”

3

संत की माला

पंजाब के महाराणा रणजीतसिंह के नाम से कौन परिचित नहीं है ? वे बड़े प्रतापी और शूरवीर राजा थे। उनकी वीरता इतिहास के पन्नों में अंकित है। वे बड़े नियमनिष्ठ, धार्मिक, प्रजापालक एवं दुष्टों के लिए बेहद कठोर थे।

साथ ही सज्जनों के लिए बड़े ही मृदुल और विनम्र भी थे। एक बार वे अपने किले के सम्मन बुर्ज में बैठे माला जप रहे थे। उनके पास ही प्रसिद्ध मुस्लिम संत अजीमुद्दीन औलिया भी बैठे तस्बीह (माला) फेर (जप) रहे थे।

हिंदुओं और मुसलमानों के माला फेरने का ढंग अलग-अलग होता है। जैसे हिन्दू लोग माला जपते समय माला के मनकों को अंदर की ओर करते हैं। जबकि मुस्लिम लोग इसके ठीक उलटा करते है।

वे माला को बाहर की ओर फेरते हैं। अजीमुद्दीन भी माला उसी प्रकार बाहर को फेर रहे थे। अचानक राजा का ध्यान इस ओर गया। उन्होंने संत अजीमुद्दीन से पूछा-

“फकीर साहब ये बताइए कि माला अंदर की ओर फेरना सही है या बाहर की ओर।” सुनने में तो यह सवाल बड़ा साधारण है, लेकिन उस समय की स्थिति के अनुसार बेहद जटिल था।

अगर औलिया जी कहते कि बाहर की तरफ फेरना सही है तो इससे हिंदुओं का तरीका गलत साबित होता। यदि वे कहते अंदर की तरफ तो

इससे उनका धर्म गलत सिद्ध होता। इसके अलावा अगर कोई जवाब न देते तो इससे राजा का अपमान होता।

उस समय संत निजामुद्दीन औलिया ने उत्तर दिया, "महाराज ! माला फेरने के दो उद्देश्य होते हैं- बाहर की अच्छाइयों को अपने अंदर समाहित करना और दूसरा अपनी बुराइयों को बाहर निकालना। उद्देश्य के अनुसार ही माला फेरना सही है।"

उन्होंने आगे कहा, "आप हमेशा प्रजा की अच्छाई या भलाई सोचते हो। एक अच्छे, सत्गुणी राजा बनने का प्रयत्न करते हो। इसलिए आपका अंदर की ओर माला फेरना सही है। जिससे अच्छाइयां आपके अंदर समाहित हों।"

"मैं एक संत हूँ। मेरा ध्यान अपनी बुराइयों को बाहर निकालने में लगा रहता है। जिससे मैं ईश्वर को प्राप्त कर सकूं। इसलिए मैं बाहर की ओर माला फेरता हूँ ताकि मेरे अंदर की बुराइयां बाहर निकलें। जिससे मेरा चित्त शुध्द हो सके।"

संत की बात सुनकर महाराजा रणजीत सिंह बहुत प्रसन्न हुए। उस दिन से संत निजामुद्दीन औलिया का मान उनकी नजरों में और बढ़ गया।

4

सकारात्मक दृष्टिकोण

एक राजा था। स्वभावतः वह बहुत कंजूस था। एक बार उसके यहां एक नट और नटिनी अपनी नृत्य कला का प्रदर्शन करने आये। राजा ने उन्हें रात्रि में नृत्य प्रदर्शन करने की अनुमति दी।

नट और नटिनी बहुत प्रसन्न हुए। उन्होंने सोचा राजा के यहां से प्रचुर मात्रा में उपहार प्राप्त होंगे। शाम के समय राजा की नृत्यशाला में महफ़िल जमी। राजपरिवार, प्रमुख मंत्रीगण और राजपुरोहित भी नृत्य देखने के लिए उपस्थित हुए।

नटिनी सुंदर नृत्य कर रही थी और नट मृदंग बजा रहा था। सभी दर्शक मंत्रमुग्ध होकर नटिनी की नृत्यकला का आनंद ले रहे थे। आधी से ज्यादा रात बीत चुकी थी। लेकिन अभी तक किसी ने कुछ भी नहीं दिया था।

राजा तो वैसे भी कंजूस था। किन्तु बाकी दरबारी भी कुछ नही दे रहे थे। निराश होकर नटिनी ने इशारे में नट को बताया कि वह बहुत थक गई है, अब और नाचना संभव नहीं है।

इस पर नट ने मृदंग पर थाप लगाते हुए एक दोहा पढ़ा-

बहुत गयी, थोड़ी रही, थोड़ी हू अब जात।
अब मत चूको नट्टिनी, फल मिलने की बात।।

नट की बात सुनकर नटिनी को हिम्मत आयी और उसने पुनः पूरे उत्साह के साथ नाचना शुरू कर दिया। दरबार में बैठे राजकुमार ने भी नट की बात सुनकर महसूस किया कि बहुत देर हो गयी हमने नटिनी को सुंदर नृत्य के लिए पुरस्कृत नहीं किया है।

राजकुमार ने अपने गले में पहना कीमती हार उतारकर नटिनी की ओर उछाल दिया। कंजूस राजा ने यह देखा तो मन मसोसकर रह गया। थोड़ी देर में राजकुमारी ने भी अपना नौलखा हार उतारकर नटिनी को भेंट कर दिया।

यह देखकर राजा आगबबूला हो गया। इससे पहले कि वह कुछ कहता राजपुरोहित ने भी अपना कीमती दुशाला नटिनी को पुरस्कार स्वरूप प्रदान कर दिया। अब तो राजा से रहा नही गया।

उसने सबसे पहले अपने पुत्र को बुलाकर पूछा कि तुमने इतना कीमती हार इसे क्यों दिया ? राजकुमार ने उत्तर दिया, "बहुत गयी थोड़ी रही, इस दोहे ने मुझपर जो प्रभाव डाला है। उसके सामने यह हार कुछ भी नहीं है।"

राजा ने फिर पूछा, "हमें भी बताओ कि क्या प्रभाव डाला है इस साधारण से दोहे ने तुम पर ?" राजकुमार ने कहा, "मुझे क्षमा करें पिताजी, आपकी उम्र 80 वर्ष हो चुकी है। फिर भी आपने अभी तक मुझे राज्य नहीं सौंपा है।"

" इसलिए मैंने निश्चय किया था कि कल आपको भोजन में जहर दे दूंगा और मैं राजा बन जाऊंगा। किन्तु इस नट की बात ने मुझे बोध कराया कि आपकी अधिकतर उम्र बीत चुकी है। अब थोड़ी ही बची है, तो मैं यह पाप क्यों करूं ? थोड़े दिन और इंतजार कर लेता हूँ।"

राजा हतप्रभ रह गया फिर उसने अपने आप को संभालकर राजकुमारी से प्रश्न किया, "तुमने इसे नौलखा हार क्यों दिया ?" राजकुमारी ने उत्तर दिया, "पिताजी ! इसके शब्दों ने मुझे कुल की बदनामी से बचा लिया। मैं प्रधानमंत्री के बेटे से प्रेम करती हूँ।"

"आप हमारे विवाह के लिए राजी नहीं होते। इसलिए आज रात में नृत्य समारोह के बाद हम भागने वाले थे। किंतु इस नट के दोहे ने मुझे अहसास कराया कि अब आपकी थोड़ी ही उम्र शेष है। आपके बाद मेरा

भाई राजा बनेगा। जो इस विवाह के लिए सहर्ष अनुमति दे देगा। इसलिए मैंने इसे नौलखा हार दिया।"

इसके बाद हतप्रभ राजा ने राजपुरोहित से पूछा, "आपके मन पर क्या प्रभाव पड़ा, पुरोहितजी ? जो आपने अपना कीमती दुशाला इसे भेंट कर दिया।"

राजपुरोहित बोले, "महाराज ! इसके शब्दों ने मेरी आँखें खोल दीं। मेरी उम्र का अधिकांश भाग बीत चुका है। किंतु मैं अब भी माया मोह में पड़ा हुआ हूँ। इसकी बात सुनकर मैंने तुरंत निश्चय किया कि कल सुबह ही मैं सब कुछ छोड़कर सन्यास ले लूंगा।" इसके इतने गूढ़ ज्ञान युक्त वचनों के लिए मैंने इसे अपना दुशाला भेंट किया।"

सबकी बातें सुनकर राजा को भी बोध हुआ कि उसे भी भीग विलास त्यागकर शेष बचे जीवन को ईश्वर भजन में लगाना चाहिए। उसने भी राज्य अपने पुत्र को सौंपकर जंगल की राह पकड़ी।

इस कहानी में एक ही दोहे ने सबके ऊपर अलग अलग प्रभाव डाला। वस्तुतः यह सबका निजी दृष्टिकोण ही था कि उन्होंने उस साधारण से दोहे से क्या ग्रहण किया ?

सीख- इस कहानी से हमें शिक्षा मिलती है कि हमें सदैव अपना दृष्टिकोण सकारात्मक रखना चाहिए। हर बात, हर घटना और हर व्यक्ति के केवल सकारात्मक पक्ष को ही ग्रहण करना चाहिए।

5

व्यवहार की मधुरता

सम्भल राज्य का राजा बहुत ही धार्मिक और प्रजापालक था। उसके राज्य में बड़ी सुख शांति थी। राजा अपने प्रजा की देखभाल पुत्र की भाँति करता था।उसके राज्य में न तो अपराध होते थे न ही कोई गरीब था। राजा की कीर्ति दूर दूर तक फैली थी।

एक रात राजा अपने राजमहल में सो रहा था। रात्रि के अंतिम पहर में उसने एक स्वप्न देखा। सपने में उसने देखा कि एक महात्मा उससे कह रहे हैं कि महल से एक कोस दूर जो पीपल का पेड़ है। उसमें एक भयंकर विषधर नाग रहता है। पूर्वजन्म में राजा ने उसकी हत्या की थी। जिसका बदला लेने के लिए वह कल रात्रि में राजा को डंसेगा और राजा की मृत्यु हो जाएगी।

इतना कहकर महात्मा अंतर्ध्यान हो गए। सुबह राजा की नींद खुली तो उसे वह स्वप्न याद आया। राजा का प्रधानमंत्री विद्वान एवं बुद्धिमान था। राजा ने तुरंत प्रधानमंत्री को बुलवाया। प्रधानमंत्री के उपस्थित होने पर राजा ने उसे पूरी घटना बताई।

विद्वान प्रधानमंत्री ने राजा से कहा, “महाराज ! रात्रिके अंतिम प्रहर में देखे गए स्वप्न प्रायः सत्य होते हैं। अतः इस विषय में गम्भीरतापूर्वक विचार करना चाहिए।” राजा ने कहा, ” आप ही कोई उपाय बताइये”।

प्रधानमंत्री ने उत्तर दिया, “महाराज ! अगर हम कल उस साँप को रोक लेंगे तो वह किसी अन्य दिन आपको काटने का प्रयत्न करेगा।

अगर उसको मार दिया जाएगा तो वह किसी अन्य जन्म में आपसे बदला लेने का प्रयत्न करेगा। इसलिए हमें सांप से बचने की बजाय उसके हृदय से आपके लिए बैरभाव को दूर करने का प्रयत्न करना चाहिए।"

प्रधानमंत्री ने आगे कहा, "शास्त्रों में कहा गया है कि मधुर व्यवहार से किसी को भी वश में किया जा सकता है। मधुर व्यवहार बड़े से बड़े क्रोध को शांत कर देता है। इसलिए हमें उस सांप के साथ मधुरतापूर्ण व्यवहार करना चाहिए। जिससे उसका क्रोध शांत हो जाय और वह आपसे शत्रुता छोड़ दे।

राजा को अपने प्रधानमंत्री पर पूर्ण विश्वास था। उसने प्रधानमंत्री के कहे अनुसार सांप से मधुर व्यवहार करने का फैसला लिया। राजा ने अपने महल से लेकर सांप के बिल तक पूरे रास्ते को सुगन्धित फूलों से सजवा दिया। जगह जगह पर चांदी के कटोरों में दूध रखवा दिया।

पहरेदारों और सेवकों को आज्ञा दे दी कि सांप को कोई किसी प्रकार का नुकसान नहीं पहुँचायेगा। निर्धारित समय में वह सांप अपने पूर्वजन्म का बदला लेने के लिए बड़े ही क्रोध में अपने बिल से निकला। रास्ते में बिछे फूलों को देखकर उसे बड़ा आश्चर्य हुआ।

जैसे जैसे वह आगे बढ़ा, रास्ते में रखे दूध के कटोरों और और सुगन्धित फूलों की महक से उसका क्रोध कम होने लगा। राजा के महल के दरवाजे पर पहुँच कर उसने देखा कि पूरे रास्ते और हर दरवाजे पर सशस्त्र पहरेदार खड़े हैं। लेकिन न तो कोई उसे रोकने का प्रयत्न कर रहा है, न ही कोई नुकसान पंहुचा रहा है।

महल के अंदर जाने पर उसने देखा कि राजा स्वयं उसके सामने हाथ जोड़कर खड़ा है और कह रहा है, "है नागराज ! महल तक पहुंचने के दौरान आपको कोई कष्ट तो नहीं हुआ। पूर्वजन्म में आपके प्रति किये गए पाप के प्रायश्चित हेतु मैं आपके सामने प्रस्तुत हूँ। आप मुझे डंसकर अपना बदला पूरा कीजिये।"

सांप राजा के द्वारा किये गए व्यवहार से बहुत प्रभावित हुआ और बोला, "हे राजन ! शत्रु के साथ भी आपने जो मधुरतापूर्ण व्यवहार किया है। उससे मैं बहुत प्रसन्न हूँ। आप जैसे योग्य और धर्मात्मा राजा को

मृत्यु देकर मैं स्वयं पाप का भागी नहीं बनना चाहता।

सांप ने आगे कहा, “हे राजन ! इसलिए मैं पूर्वजन्म में किये गए कृत्य के लिए आपको क्षमा करता हूँ और आपके इस *मधुर व्यवहार* के लिए उपहारस्वरूप आपको यह अमूल्य नागमणि भेंट करता हूँ।” इतना कहकर उसने अपनी नागमणि निकालकर राजा के सामने रख दी और चुपचाप वहां से चला गया।

सीख - अपने व्यवहार से हम अपने शत्रुओं का भी ह्रदय परिवर्तन कर सकते हैं। विपरीत परिस्थितियों को भी हम अपने मधुर व्यवहार के द्वारा अपने पक्ष में कर सकते हैं।

6

जैसा राजा वैसी प्रजा

महिलारोप्य राज्य का राजा महेंद्र वर्मन एक योग्य शासक था। वह अपनी प्रजा को पुत्रवत मानता था। उसी प्रकार वह प्रजा के सुख दुख का ध्यान रखता था। कोई भी व्यक्ति कभी भी उससे मिलकर अपनी समस्या बता सकता था।

उसके राज्य में सभी सुखी थे। किसी प्रकार की कोई समस्या नहीं थी। लेकिन राजा महेंद्र वर्मन हमेशा सोचता कि कहीं मुझमें कोई कमी तो नहीं। उसने अपने दरबारियों से अपनी कमियां बताने को कहा। लेकिन सबने उसकी तारीफ ही की।

लेकिन राजा को चैन नहीं आया। अपनी कमियों का पता लगाने के लिए वह वेश बदलकर राज्य में घूमने निकल पड़ा। उसने राज्य में अलग अलग लोगों से राजा के बारे में बात की। लेकिन किसी ने राजा की बुराई नहीं की, न ही कोई कमी बताई।

इस तरह घूमते घूमते राजा महेंद्र वर्मन हिमालय के घने जंगलों में पहुंच गए। वहां एक महात्मा का आश्रम देखकर राजा थोड़ी देर विश्राम करने के लिए उस आश्रम में चले गए। वहां उन्होंने देखा कि एक तेजवान तपस्वी ध्यानमग्न बैठे हैं।

राजा ने पास जाकर उनको प्रणाम किया और सामने बैठ गए। थोड़ी देर बाद महात्मा ने आंखे खोलीं तो राजा को सामने बैठा देखकर उनसे कुशल क्षेम पूछी। महेंद्र वर्मन ने अपने राजा होने की बात को छुपाकर

अपना परिचय दिया।

थोड़ी बातचीत के बाद महात्मा ने आश्रम में लगे फलदार पेड़ों से कुछ गोदे तोड़कर राजा को खाने के लिए दिए। राजा ने पहले भी गोदे खाये थे। लेकिन ये गोदे बहुत ही रसीले और मीठे थे। ऐसे गोदे उसने कभी नहीं खाये थे।

आश्चर्यचकित राजा ने महात्मा से पूछा, "भगवन ! ये गोदे तो बहुत ही रसीले और मीठे हैं। इसका क्या कारण है ? महात्मा ने जवाब दिया, " निश्चय ही राज्य का राजा धर्मात्मा और परोपकारी है। वह न्यायपूर्ण तरीके से राज्य का संचालन करता है। इसीलिए ये गोदे इतने रसीले और मीठे हैं।"

राजा ने फिर प्रश्न किया, "भगवन ! मेरी समझ में नहीं आया कि राजा और गोदों का क्या संबंध है ? क्या आप मुझे समझाने का प्रयत्न करेंगे ?

महात्मा ने उत्तर दिया-

भंते ! जैसा राजा होता है। वैसी ही उसकी प्रजा होती है। यदि राजा धर्मात्मा, न्यायप्रिय और सच्चरित्र है। तो उसके राज्य के प्रजाजन यहां तक कि वनस्पतियां भी उत्तम गुण, स्वभाव वाली हो जाती हैं। इसके विपरीत यदि राजा अधर्मी, अन्यायी होता है तो उसका प्रभाव उसके राज्य की प्रत्येक वस्तु पर पड़ता है।"

राजा कुछ बोला नहीं किन्तु उसने महात्मा के इस कथन का परीक्षण करने का निश्चय किया। उसने वापस आकर बहुत अन्यायपूर्ण शासन किया। प्रजा को खूब परेशान किया। एक साल बाद वह फिर उन महात्मा के आश्रम पर गया।

वहां पर कुशल क्षेम पूछने के बाद महात्मा ने फिर उसे गोदे खाने को दिए। इस बार गोदे इतने कड़वे थे कि राजा उन्हें खा नहीं सका। उसने गोदे थूक दिए और महात्मा से कहा, "भगवन ये तो बहुत कड़वे हैं।"

महात्मा ने शांतिपूर्वक उत्तर दिया, "निश्चय ही राजा अधर्मी और अन्यायी है।" राजा महेंद्र वर्मन को उत्तर मिल चुका था। उसने वापस आकर पुनः धर्म और न्यायपूर्ण शासन प्रारम्भ कर दिया।

सीख - उच्च पदों पर आसीन व्यक्ति अथवा घर के मुखिया को न्यायपूर्ण, धार्मिक अच्छे चरित्र वाला होना चाहिए। क्योंकि उसके आचरण का प्रभाव पूरे परिवार अथवा सभी अधीनस्थों पर अवश्य ही पड़ता है।

7

एकाग्रता

इंग्लैंड की राजपरम्परा में अनेक यशस्वी और प्रतिभाशाली शासक हुए हैं। जिनके नाम आज भी आदर और सम्मान के साथ लिए जातेहैं। उन्हीं में से एक राजा अल्फ्रेड का नाम भी इंग्लैंड के इतिहास में स्वर्णाक्षरों में अंकित है।

अल्फ्रेड का शासनकाल जनता की भलाई के लिए किए गए कार्यों के लिए जाना जाता है। परंतु उनका जीवन प्रारम्भ से ही जनप्रिय नहीं था। उनके स्वभाव में एक बड़ा दोष था कि वे अस्थिरचित्त थे।

किसी कार्य को लगन और एकाग्रता से करना उनका स्वभाव नहीं था। शासकीय कार्यों में भी वे कभी एक निर्णय लेते तो कभी दूसरा। एकाग्रता की कमी के कारण प्रायः अपने पूर्व के निर्णय को ही वे बार बार बदलते रहते।

जिसके कारण राजकार्य में संलग्न कर्मचारियों में भ्रम और अनिश्चितता की स्थिति बनी रहती थी। जिसका असर शासन व्यवस्था पर पड़ रहा था। कर्मचारी अपने अनुसार नए नए आदेश जारी करते और कहते कि वे राजा अल्फ्रेड द्वारा जारी किए गए हैं।

स्वाभाविक चंचलता के कारण वे भोग विलास में डूब गए। जिसका फायदा उठाकर उनके विरोधियों ने उनसे राजसिंहासन छीन लिया। विरोधियों से बचने के लिए अल्फ्रेड को राजधानी से भागना पड़ा।

राजधानी से भागकर अल्फ्रेड ने एक सीमावर्ती गांव में एक किसान के यहां नौकरी कर ली। यहां उसे भोजन और रहने का ठिकाना मिल गया। साथ ही अच्छी बात यह थी कि वहां कोई उसे पहचानता नहीं था।

किसान ने उसे घरेलू काम में लगा दिया। जहां उसे बर्तन धोने, खाना पकाने में मदद करनी पड़ती थी। वह काम करता और अधिकतर समय अपने पुराने दिनों के सपनों में खोया रहता।

एक बार किसान की पत्नी चूल्हे पर दाल चढ़ाकर किसी काम से बाहर जाने लगी। जाते हुए उसने अल्फ्रेड से कहा कि देखना डाल जलने न पाए। लेकिन उसके जाते ही एडोल्फ अपने खयालों में गुम हो गया।

किसान की पत्नी जब वापस लौटी तो उसने देखा कि दाल अब भी चूल्हे पर चढ़ी हुई है और पूरी तरह जल चुकी है। साथ ही उसने देखा कि एडोल्फ एक तरफ बैठा खयालों में गुम है। उसे बहुत गुस्सा आया।

उसने गुस्से में कहा, "लड़के तू भी राजा एडोल्फ की ही तरह है। जैसे वह भोग विलास और ख्वाबों के कारण अपना राज्य गवां बैठा और मारा-मारा घूमता है। वैसे ही तू भी चाहता है।"

किसान की पत्नी की ये बातें सुनकर एडोल्फ को झटका लगा। उसके सामने अपना पूरा पिछला जीवन घूम गया। उसने उसी समय निश्चय किया कि अब वह सपनों में नहीं जियेगा। जो भी काम करेगा पूरी एकाग्रता के साथ करेगा।

उसने फिर अपने विश्वासपात्र लोगों को एकत्र किया और एकाग्रचित होकर योजना बनाकर फिर से अपना राज्य प्राप्त किया। इस बार उसने योग्य शासक के रूप में वो सारे कार्य किये। जिनके लिए उसका कार्यकाल इंग्लैंड के इतिहास में अमर हो गया।

सीख- जीवन के हर क्षेत्र में सफलता के लिए एकाग्रता बहुत जरूरी है। अस्थिरचित्त से सही फैसले नहीं लिए जा सकते।

8

सोच का प्रभाव

काशी में एक जनप्रिय राजा राज्य करते थे। उनका नाम अजितसेन था। वे प्रजा का पालन पुत्र की भांति करते थे। उनकी शूरवीरता और प्रजावत्सलता की कीर्ति चारों ओर फैली थी।

काशी में ही मणिभद्र नामक एक चंदन की लकड़ियों का बड़ा व्यापारी भी रहता था। उसका गोदाम चंदन की मूल्यवान एवं उच्च कोटि की लकड़ियों से भरा था। लेकिन इस समय चंदन की मांग कम होने के कारण उसका धंधा मंदा हो गया था।

एक बार राजा हाथी पर सवार होकर नगर के भ्रमण पर निकले। साथ में मंत्रीगण और अन्य दरबारी भी थे। महाराज को देखने के लिए लोगों की भीड़ उमड़ पड़ी थी। सभी राजा की जय जयकार कर रहे थे। राजा भी मुदित मन से सबको आशीर्वाद दे रहे थे।

उसी भीड़ में सेठ मणिभद्र भी खड़ा था। अचानक उसे विचार आया कि अगर महाराज मर जाएं, तो उनके अंतिम संस्कार में चंदन की लकड़ी का ही प्रयोग होगा। जिससे मेरी सारी लकड़ी बिक जाएगी। यह विचार उसे जंचा। उसने हाथ उठाकर ईश्वर से प्रार्थना की। हे प्रभु ! मेरी कामना पूर्ण हो।

एक व्यापारी का स्वार्थ देखिए। अपने भले के लिए वह ऐसे जनप्रिय राजा को भी मृत देखना चाहता है। इसी समय प्रसन्नता से लोगों का अभिवादन स्वीकार करते राजा की दृष्टि सेठ मणिभद्र पर पड़ी।

सेठ को देखते ही राजा की भाव- भंगिमा बदल गयी। उनकी आंखों में खून उतर आया। वे अत्यधिक क्रोधित हो गए। उनके मन में तुरंत विचार आया कि इसे फांसी दे देनी चाहिए। किन्तु राजा ने अपने विचारों पर नियंत्रण किया।

राजा ने अपने प्रधानमंत्री सुबुद्धि को बताया कि इस व्यक्ति को देखकर मेरे मन में ऐसे विचार उठ रहे हैं। जबकि मैं इसे जानता भी नहीं हूँ। आप इसका कारण पता लगाइये। प्रधानमंत्री सुबुद्धि बहुत ही बुद्धिमान, अनुभवी और गुणी व्यक्ति था।

सुबुद्धि ने सोचा कि इसका उत्तर मणिभद्र के पास ही होगा। यह सोचकर सुबुद्धि ने मणिभद्र से मित्रता कर ली। एक दिन मित्रता के विश्वास में मणिभद्र ने प्रधानमंत्री सुबुद्धि को राजा की मृत्यु की कामना वाली बात बता दी।

सुबुद्धि तुरंत समझ गया कि सेठ के नकारात्मक विचारों ने ही राजा के ऊपर अपना प्रभाव दिखाया है। अब वह अगर यह बात राजा को बताता है तो सेठ को मृत्युदंड मिलेगा। मित्र होने के नाते यह ठीक नहीं होगा।

अगर राजा को जवाब नहीं दिया तो यह राजद्रोह होगा। प्रधानमंत्री ने काफी विचार के बाद इसका एक उपाय निकाला। जिससे दोनों पक्षों को कोई हानि न हो। वह राजा के पास गया और बोला, "महाराज ! जो नया महल बन रहा है। उसके खिड़की दरवाजे शुद्ध चंदन के होने चाहिए।"

"जिससे चौबीसों घण्टे महल चंदन की खुशबू से ओतप्रोत रहे। आने वाले अतिथि भी इससे बहुत प्रसन्न होंगे। राजा को मंत्री की यह बात बहुत पसंद आई। उसने तत्काल शुद्ध चंदन की लकड़िया खरीदने का आदेश दिया।"

पूरे नगर में शुद्ध चंदन की लकड़ियां केवल सेठ मणिभद्र के पास ही थीं। उसका सारा चंदन राजा द्वारा खरीद लिया गया। साथ ही और चंदन की लकड़ियों का आर्डर भी दिया गया। अब तो मणिभद्र बहुत ही खुश हुआ।

वह ईश्वर से राजा के दीर्घायु होने की प्रार्थना करने लगा। राजा की सर्वत्र प्रसंशा करने लगा। कुछ समय बाद एक दिन फिर राजा की सवारी

उधर से निकली। उस दिन मणिभद्र को देखकर राजा को क्रोध नहीं आया बल्कि प्रेम महसूस हुआ।

राजा ने फिर यह बात मंत्री को बताई। मंत्री ने कहा, "महाराज ! अगर आप मणिभद्र को क्षमा करो तो मैं इसका कारण बता सकता हूं।" राजा के आश्वासन देने पर मंत्री ने कहा-

"महाराज यह सब मानसिक सोच का प्रभाव है। एक दूसरे की मानसिक सोच व्यक्तियों पर प्रभाव डालती है। अगर आप किसी के प्रति गलत सोच रखते हैं। तो उसकी सोच भी आपके विचारों के कारण आपके प्रति गलत हो जाएगी।"

"मणिभद्र ने आपके लिये गलत सोचा। फलस्वरूप आपकी सोच भी उसी के अनुरूप हो गयी। अब वह आपके लिए अच्छा सोचता है। इसलिए आपके भी विचार उसके लिए अच्छे हो गए हैं। सब मानसिक सोच का प्रभाव है।"

सीख - हमें सदैव दूसरों के प्रति अपनी सोच अच्छी रखनी चाहिए। क्योंकि हमारी मानसिक सोच हमारे व्यक्तित्व पर प्रभाव डालती है।

9

परिश्रम का संस्कार

एक बार कुछ किसान फसल बोने की तैयारी हेतु खेत की जुताई करने गए। जुताई शुरू करने के पहले ही आकाश में चारों ओर काले बादल छा गए। किसानों ने खेतों में हल चलाना प्रारम्भ ही किया था कि बादलों ने किसानों को संबोधित करते हुए कहा- "ए किसानों, हल चलाना बंद करो और अपने अपने घरों को वापस लौट जाओ। अब बारिश नहीं होगी।"

किसानों ने बादलों से पूछा- " क्यों, इस नाराजगी की वजह क्या है? बारिश क्यों नहीं होगी। हमसे क्या गलती हो गयी?

बादलों ने कहा- " बस हम नहीं बरसेंगे।" किसानों ने बादलों से बहुत आग्रह किया, प्रार्थना की। किन्तु बादल टस से मस नहीं हुए। उन्होंने कहा कि अगले बारह वर्षों तक बरसात नहीं होगी।

किसानों ने फिर भी पूरा परिश्रम किया। खेतों की जुताई की और पूरी लगन से बीज बोए। लेकिन जैसा कि बादलों ने कहा था उस साल बारिश नहीं हुई। सारे बीज सूख गए। फसल नहीं हुई। अगले वर्ष फिर समय पर किसान हल और बैलों के साथ खेतों पर उपस्थित हुए। खेतों की जुताई करते समय फिर बादलों ने बारिश न होने की अपनी बात दुहरायी। लेकिन फिर भी किसानों ने पूरी मेहनत और लगन के साथ जुताई कर के बीज बोए।

लेकिन इस बार भी बादलों के कहे अनुसार ही बारिश नहीं हुई। किसानों की पूरी मेहनत व्यर्थ हो गयी। लेकिन किसान फिर भी निराश

नहीं हुए। तीसरे वर्ष पुनः किसान जब खेतों में जुताई करने पहुंचे तो इस बार बादलों से रहा नही गया। वे कड़ककर बोले- "जब हमने कह दिया है कि अगले बारह वर्षों तक बारिश नहीं होगी। तो तुम यह व्यर्थ का श्रम क्यों करते हो? अपने घर जाओ।"

तब किसानों ने उत्तर दिया- "*आप बरसें या न बरसें, यह आपका अधिकार है। किंतु हम खेतों में हल चलाएंगे। बीज बोयेंगे। पूरी मेहनत करेंगे क्योंकि यह हमारा कर्म है। अगर हम हल नहीं चलाएंगे तो हमारे बच्चे हल चलाना, खेत तैयार करना, बीज बोना और श्रम करना भूल जाएंगे। इस कर्म के माध्यम से हम अपने बच्चों में श्रम का संस्कार डालते हैं। जो आजीवन उनके काम आता है।*"

किसानों के आत्मविश्वास, संकल्प और श्रम के प्रति श्रद्धा को देखकर बादल बहुत अभिभूत हुए। इस बार खूब बारिश हुई। चारों ओर फसल लहलहा उठी। किसानों का परिश्रम सफल हुआ।

सीख - जहां आज का युवावर्ग शॉर्टकट से सफलता प्राप्त करने के लिए लालायित रहता है। इस चक्कर में वह कई बार ठगी का शिकार भी हो जाता है। इन परिस्थितियों से बचने के लिए हमें युवावर्ग को परिश्रम का महत्व समझाना होगा और अपने बच्चों में परिश्रम का संस्कार डालना होगा।

10

सच बोलने का इनाम

करीब 900 साल पुरानी बात है। ईरान में एक छोटा सा गांव था 'जीलान'। वहां सैयद अब्दुल कादिर नामक एक लड़का रहता था। उसके पिता बचपन में ही गुजर गए थे। माँ ने ही उसका पालन पोषण किया।

कादिर की बड़ी इच्छा थी कि वह खूब पढ़े लिखे और विद्वान बने। चूंकि जीलान एक छोटी जगह थी इसलिए वहां पढ़ाई के अच्छे साधन उपलब्ध नही थे।

एक दिन उसने माँ से कहा- 'माँ, मैं बगदाद पढ़ने जाऊंगा।' यह सुनकर माँ का कलेजा भर आया। एक तो उनकी आर्थिक स्थिति भी ठीक नहीं थी। ऊपर से कादिर उनका एकलौता सहारा था।

माँ उसे बगदाद भेजने को बिल्कुल तैयार नहीं थी। लेकिन कादिर पर तो पढ़ाई की धुन सवार थी। उसने जिद पकड़ ली। आखिरकार माँ को मानना ही पड़ा। उस समय यातायात के साधन इतने सुलभ नहीं थे।

केवल व्यापारी ही ऊँट, खच्चरों पर माल लादकर लम्बी यात्राएँ करते थे। ऐसे ही एक व्यापारियों के दल के साथ कादिर भी जाने को तैयार हो गया। जाते समय कादिर की माँ ने उसकी फतुही के भीतर चालीस अशर्फियाँ टाँक दीं।

माँ ने कादिर से कहा- '*बेटा, तेरे अब्बा इतनी ही दौलत छोड़ गए हैं। इसे बड़ी सावधानी से खर्च करना।* चाहे जैसी भी परिस्थिति हो, हमेशा सच ही बोलना। सच बोलने का परिणाम कभी बुरा नहीं होता। अल्लाह

बड़ा दयालु है। वह तुझे बचायेगा।

कादिर ने माँ की बात गाँठ बाँध ली और सफर पर निकल पड़ा। सफर लम्बा था। रास्ते में एक दिन डाकुओं ने काफिले पर हमला कर दिया। व्यापारियों का सारा माल डाकुओं ने लूट लिया। कादिर फ़टे पुराने कपड़े पहने था। डाकुओं ने सोचा कि इसके पास क्या होगा।

व्यापारियों को लूटकर वे जाने ही वाले थे कि एक डाकू ने कादिर से भी पूछ लिया- 'क्यों बे लड़के, तेरे पास भी कुछ माल है?' कादिर ने जवाब दिया- 'जी हाँ ! *मेरे पास चालीस अशर्फियाँ हैं।*'

डाकुओं को लगा कि लड़का मजाक कर रहा है। उन्होंने डाँटा- 'बदमाश ! हमसे मजाक करता है?' 'जी नहीं'- ऐसा कहकर कादिर ने अपनी फतुही उतारकर उसमें से चालीस अशर्फियाँ निकालकर डाकुओं के सामने रख दीं।

सरदार ने पूछा- 'लड़के, तू तो जानता है कि हम डाकू हैं। हम तेरी अशर्फियाँ छीन लेंगे। फिर भी तूने हमसे झूठ क्यों नहीं बोला?'

कादिर बोला- 'बात यह है सरदारजी! मुझे मेरी अम्मीजान ने कहा है कि चाहे जितनी मुसीबत आये । कभी झूठ मत बोलना। क्योंकि**सच बोलने का परिणाम** कभी बुरा नहीं होता। अल्लाह बड़ा मेहरबान है। वह अशर्फियाँ न रहने पर भी मुझ पर रहम करेगा।'

डाकू सन्न रह गये। इतना ईमानदार बच्चा ! इतना नेक और शरीफ! एक यह है और एक हम हैं, जो बेगुनाहों को सताते हैं। डाकुओं को अपने कारनामे पर बहुत पछतावा हुआ।

डाकुओं ने कादिर की अशर्फियाँ और व्यापारियों का सारा माल वापस लौटा दिया। इतना ही नहीं, उन्होंने सदा के लिए डाका डालना भी छोड़ दिया।

ये सच्चाई की ताकत है। छोटे से बालक ने सिखा दिया कि *सच बोलने का परिणाम* अच्छा ही होता है।

11

कर भला

बहुत समय पहले अमेरिका, यूरोप और मध्य एशिया के देशों में गुलामी की प्रथा थी। गुलामों के साथ बहुत ही बुरा व्यवहार किया जाता था।

एथेंस शहर में एक बहुत धनी जमींदार रहता था। उसके यहां बहुत से गुलाम थे और वह गुलामों से बहुत क्रूरता से पेश आता था। उन्हें ठीक से भोजन भी नहीं देता था। इसके अलावा वह उन्हें मारता पीटता भी था।

इन्हीं गुलामों में लूथर नाम का एक युवक भी था। रोज रोज की मारपीट और दुर्व्यवहार से तंग आकर एक दिन लूथर उसके घर से भाग निकला। अब शहर में तो जमींदार के लोगों और राजा के सैनिकों से बचना नामुमकिन था। इसलिए वह जंगल की ओर भागा। शाम होते होते वह घने जंगल में पहुंच गया। बचपन में उसने जंगल में रहकर जीवन यापन करने वाले लोगों की बहुत सी प्रेरणादायक कहानियां सुनी थीं। सो उसने भी वहीं रहने का निश्चय किया।

यहाँ रहकर वह राजा और जमींदार दोनों से बच सकता था।

तो लूथर ने जंगल को ही अपना ठिकाना बना लिया। जंगली फल फूल खाकर वह अपनी भूख मिटा लेता। रात को कोई सुरक्षित स्थान देखकर सो जाता। इस प्रकार वह अपनी स्वतंत्रता का आनंद लेने लगा।

एक दिन वह एक पेड़ के नीचे लेटा आराम कर रहा था। तभी एक शेर वहां आ गया। वह लूथर को देखकर गुर्राया। लूथर डर के मारे कांपने लगा। उसके पैर अपनी जगह जम गए। वह भाग भी नहीं पा रहा था।

वह धड़कते दिल से अपनी मृत्यु की प्रतीक्षा करने लगा। लेकिन शेर ने उस पर आक्रमण नहीं किया। बल्कि वह बार बार अपना दायां पंजा लूथर को दिखा रहा था। लूथर ने गौर किया कि शेर की गुर्राहट में क्रोध नहीं पीड़ा थी।

शायद शेर के दाएं पंजे में कुछ घुस गया था। जिसे वह निकाल नहीं पा रहा था। इसलिए वह लूथर से मदद मांग रहा था। मगर लूथर की हिम्मत शेर के पास जाने की नहीं हो रही थी। लेकिन शेर की पीड़ा को देखकर दया आ गयी।

उसे अपने पीड़ादायक दिन याद आ गए। उसने सोचा उस नरक भरे जीवन से अच्छा तो किसी की मदद करते हुए मर जाना ठीक है। यह सोचकर वह धीरे धीरे शेर के पास गया। उसने शेर के पंजे को गौर से देखा तो उसमें एक कील घुसी थी। उसने कील निकाल दी।

शेर थोड़ी देर लूथर को देखता रहा। उसके शरीर से अपने शरीर को रगड़ता रहा। फिर चुपचाप घने जंगल में गायब हो गया। लूथर वहीं बैठकर अपनी सांसें नियंत्रित करने लगा।

इस प्रकार कुछ दिन बीत गए। एक दिन राजा के कुछ सैनिक शिकार के लिए आये। लूथर की गुलामों वाली भेषभूषा देखकर उन्हें शक हुआ। वे उसे पकड़कर राजा के पास ले गए। पूछताछ से राजा को पता चला कि वह एक गुलाम है और अपने मालिक के यहां से भागा हुआ है।

उस समय अपने मालिक के यहां से भागने वाले गुलामों को क्रूरतापूर्ण मृत्युदंड की सजा दी जाती थी। उसे भी वही सजा मिली। राजा ने फैसला सुनाया की कल भरे मैदान में लूथर को भूखे शेर के सामने छोड़ दिया जाएगा।

दूसरे दिन मैदान तमाशबीनों से खचाखच भरा था। हथकड़ियाँ पहने लूथर को मैदान के बीचोबीच खड़ा कर दिया गया। उधर कई दिनों से भूखे एक शेर का पिजरा खोल दिया गया। शेर दहाड़ते हुए अपने शिकार की ओर बढ़ा।

लूथर ने मृत्यु निश्चित जानकर अपनी आँखें बंद कर लीं। शेर पास आया। थोड़ी देर अपने शिकार को घूरने के बाद उसने दहाड़ना बन्द कर दिया। शेर लूथर के शरीर से अपना शरीर रगड़ने लगा।

लूथर ने आँख खोलकर देखा तो वह वही शेर था। जिसकी उसने मदद की थी। अब लूथर ने भी उसे सहलाना शुरू कर दिया। यह दृश्य देखकर राजा सहित सारे लोग आश्चर्यचकित थे। राजा ने लूथर को अपने पास बुलाया और इस घटना का रहस्य पूछा।

लूथर ने शेर की मदद करने वाली सारी बात बता दी। राजा बहुत प्रभावित हुआ। उसने लूथर को माफ कर दिया। साथ ही उसे एक सम्मानजनक नौकरी भी दी। इतना ही नहीं राजा ने उस शेर को भी जंगल में छुड़वा दिया।

इस प्रकार बिना किसी स्वार्थ के किये गए एक परोपकार ने न केवल लूथर को जीवनदान दिया बल्कि उसे एक सम्मानजनक जिंदगी भी दी। इसीलिए कहते हैंकर भला तो हो भला।

सीख -हमें निस्वार्थ परोपकार करने का प्रयास करना चाहिए। जब हम किसी की मदद करते हैं तो किसी न किसी रूप में हमारा भी भला होता है।

12

दर्पण की सीख

बहुत समय पहले की बात है। कोशल देश में सुवर्ण ऋषि का गुरुकुल था। अपनी उच्चकोटिकी शिक्षा के लिए यह गुरुकुल पूरे आर्यावर्त में प्रसिद्ध था। जिसमें पढ़ने के लिए दूर दूर से विद्यार्थी आते थे। इन्हीं विद्यार्थियों में नकुल नाम का एक लड़का था। वह अपनी तीक्ष्ण बुद्धि और लगन के लिए पूरे गुरुकुल में प्रसिद्ध था।

सुवर्ण ऋषि भी उसे बहुत पसंद करते थे। शिक्षा पूर्ण हो जाने के बाद जब सभी विद्यार्थी घर जाने लगे। तो गुरूजी ने नकुल को अपने पास बुलाया। उन्होंने नकुल को एक दिव्य दर्पण दिया। दर्पण की विशेषता बताते हुए उन्होंने कहा, "नकुल यह कोई साधारण दर्पण नहीं है। इस दर्पण के द्वारा तुम किसी भी मनुष्य के अवगुणों को देख सकते हो।लेकिन इसका प्रयोग सावधानीपूर्वक करना।"

नकुल दर्पण की तुरन्त जांच करना चाहता था। उसने दर्पण का मुँह गुरूजी की ओर किया। तो यह देखकर उसे बड़ा दुख हुआ कि गुरूजी के मन में क्रोध, मोह और आलस्य आदि कई अवगुण हैं। वह चुपचाप दर्पण लेकर घर चला आया।

घर आकर उसने दर्पण का प्रयोग अपने मित्रों पर किया। वे भी कई अवगुणों से ग्रस्त थे। अब तो नकुल एक ऐसे व्यक्ति की तलाश में जुट गया जिसमें कोई अवगुण न हो। हर मिलने वाले की वह दर्पण के द्वारा जांच करने लगा। यहां तक कि उसने अपने माता पिता, सगे सम्बन्धियों

आदि सबकी जांच कर ली। लेकिन ऐसा कोई नहीं मिला। जिसमें कोई अवगुण न हो।

उसका मन खिन्न हो गया। एक दिन वह वापस गुरुकुल पहुंचा और गुरुजी को दर्पण वापस करते हुए बोला," गुरुजी! ये दर्पण वापस ले लीजिए। इसने मेरे मन को संताप से भर दिया है। मैंने इसके द्वारा बहुत से लोगों की जांच की। लेकिन मुझे एक भी आदमी ऐसा नहीं मिला जिसमें कोई अवगुण न हो। इसलिए मैं अब इसे अपने पास नहीं रखना चाहता।"

गुरुजी दर्पण लेकर उसका मुँह नकुल की ओर कर दिया। नकुल को यह देखकर बहुत आश्चर्य हुआ कि उसका मन भी कई तरह के अवगुणों से भरा है। जिनका उसे ज्ञान ही नहीं था। वह तो यही समझता था कि उसका व्यक्तित्व अवगुणों से रहित है।

नकुल को आश्चर्यचकित देखकर गुरुजी ने कहा, " नकुल! अवगुण हर व्यक्ति में होते है। अवगुणों का होना बुरी बात नहीं है। लेकिन उन अवगुणों को दूर करने का प्रयास अवश्य करना चाहिए। क्योंकि अवगुण सफलता की राह में बाधक होते हैं। यह दर्पण मैंने तुम्हें अपने दोष देखने के लिए दिया था। जिससे तुम उन्हें दूर कर जीवन में सफलता प्राप्त कर सको।"

नकुल को अपनी गलती का अहसास हुआ। उसने गुरुजी से क्षमा मांगी और अपने अवगुणों को दूर करनेके लिए प्रयत्नशील होने का संकल्प लिया।

13

बुजुर्गों का महत्व

बहुत पुरानी बात है। सुंदरगढ़ नामक एक राज्य था। जिसका राजा सुमंत बहुत धनलोलुप था।वह हमेशा यही विचार किया करता था कि किस प्रकार उसका राज्य सबसे धनवान बने।इसके लिए वह नए नए तरीके सोचा करता था। नए नए नियम लागू करता रहता था।

उसकी प्रजा भी उससे परेशान रहती थी। एक दिन उसने सोचा कि ये बुजुर्ग लोग उसके राज्य के लिए बोझ हैं। ये कोई काम तो करते नहीं हैं। बस बैठे बैठे खाते है। इनके दवा इलाज और सुविधाओं पर जो खर्च होता है वह अलग। इसलिए उसने घोषणा कर दी कि उसके राज्य में साठ साल से ऊपर का कोई व्यक्ति नहीं रहेगा।

जिनके घरों में साठ साल से ऊपर के लोग हैं वो उन्हें जंगल में छोड़ आये। प्रजा में कुछ लोगों को राजा यह आदेश पसन्द भी आया। लेकिन कुछ लोगों को राजा का आदेश बहुत बुरा लगा। इस अवस्था में जब बुजुर्गों की सेवा की जानी चाहिए। तब राजा आदेश दे रहा है कि उन्हें जंगल में छोड़ दिया जाय।

लेकिन राजा के आदेश की अवहेलना कौन कर सकता था? लोगों ने राजा की आज्ञा का पालन किया। राजा सुमंत के राज्य में ही एक लड़का अपनी बूढ़ी माँ के साथ रहता था। लड़का अपनी माँ से बहुत प्रेम करता था। इस आदेश से उसे बहुत पीड़ा हुई। लेकिन राजाज्ञा का पालन अनिवार्य था।

इसलिए वह अपनी बुजुर्ग और असहाय माँ को पीठ पर लादकर जंगल की ओर चल दिया। रास्ते में चलते हुए उसकी माँ झाड़ियों से लकड़ियाँ तोड़ तोड़ कर रास्ते पर डाल रही थी। यह देखकर लड़के ने अपनी मां से पूछा, "मां! यह क्या कर रही हो?" माँ ने जवाब दिया, " बेटा! वापसी में तुम रास्ता न भूल जाओ, इसलिए मैं यह लकड़ियां डाल रही हूँ।"

माँ के प्रेम को देखकर लड़का फूट फूट कर रो पड़ा। उसने निश्चय किया कि वह अपनी बूढ़ी माँ को जंगल में नहीं छोड़ेगा। रात के अंधेरे में वह अपनी मां को लेकर वापस घर आ गया। घर के आंगन में खुदाई करके उसने एक गुफा बना दी। जिससे किसी को पता न चले। उसकी मां उस गुफा में रहने लगी।

बेटा समय समय पर गुफा के अंदर जाकर माँ की सेवा करता। थोड़े समय बाद उस राज्य की धन संपत्ति को देखकर एक शक्तिशाली पड़ोसी राजा ने सुंदरगढ़ पर आक्रमण कर दिया। इस युद्ध में सुंदरगढ़ की हार हुई। राजा सुमंत बन्दी बना लिए गए.

पड़ोसी राजा ने घोषणा की कि सुंदरगढ़ राज्य का कोई भी नागरिक अगर मेरे दो प्रश्नों के उत्तर दे देगा तो मैं सुंदरगढ़ राज्य और राजा सुमंत को भी छोड़ दूंगा। पूरा राज्य प्रश्न सुनने उमड़ पड़ा। राजा ने एक शीशे का छोटा सा बर्तन दिखाते हुए कहा, " इसे कद्दुओं से भर दो।"

लोगों ने उस बर्तन को देखा और कहा, "इस छोटे से बर्तन में तो एक भी कद्दू नहीं आ सकता। राजा ने जवाब देने के लिए सात दिनों की मोहलत दे दी। लेकिन किसी को जवाब नहीं सूझ रहा था। वह लड़का भी वहां था। रात में जब वह अपनी माँ के पास गया तो उसने मां से सारी बात बताई।

माँ ने उससे कहा कि शीशे के बर्तन में मिट्टी भरकर उसमें कद्दू के बीज डाल दो। तीन चार दिन में जब बीज उग आए तो उन्हें राजा के पास ले जाना। लड़के ने वैसा ही किया, और सचमुच चार दिन बाद शीशे का वह बर्तन कद्दू के छोटे छोटे पौधों से भर गया।

लड़का बर्तन लेकर राजा के पास गया। अपने प्रश्न का जवाब पाकर राजा प्रसन्न हुआ। फिर उसने दूसरा प्रश्न किया, " एक जैसी दिखने

वाली दो गाय एक साथ खड़ी हैं। उनमें से माँ बेटी की पहचान कैसे करोगे? यह प्रश्न भी बड़ा कठिन था। इसका भी जवाब किसी को नहीं सूझ रहा था। राजा ने इस बार तीन दिन की मोहलत दी।

लड़का फिर माँ के पास पहुंचा और उसे सारी बात बतायी। माँ ने बताया कि दोनों के सामने घास डालो। दोनों में से जो माँ होगी वह अपनी बेटी के खाने के बाद खाना शुरू करेगी। लड़के ने राजा के सामने माँ के बताए अनुसार दोनों गायों में माँ बेटी की पहचान कर दी।

पड़ोसी राजा ने अपने वादे के अनुसार सुंदरगढ़ के राजा और राज्य दोनों को मुक्त कर दिया। राजा सुमन्त बहुत प्रसन्न हुए। उन्होंने लड़के से पूछा, "तुमने दोनों प्रश्नों के उत्तर कैसे दिए?" लड़के ने कहा, " महाराज! यदि आप मुझे अभयदान दें, तो मैं बताऊंगा।" राजा ने उसे आश्वासन दिया।

तब लड़के ने बताया कि ये उत्तर उसे अपनी माँ से पता चले थे। तब राजा को बुजुर्गों के अनुभव का महत्व पता चला। उसे अपनी भूल का अहसास हुआ और उसने अपनी आज्ञा वापस ले ली। उसने आज्ञा दी कि उसके राज्य में बुजुर्गों की सेवा और सम्मान होना चाहिए।

सीख - *जो समाज अपने बुजुर्गों का सम्मान नहीं करता वह कभी उन्नति नहीं कर सकता।*

14

खुशियाँ बांटो और खुश रहो

एक नगर में एक सेठ रहता था। वह बहुत कंजूस था। धन के प्रति उसका मोह इतना अधिक था कि वह एक पैसा भी खर्च नहीं करना चाहता था। प्रचुर मात्रा में धन होते हुए भी वह निर्धनों की तरह जीवन व्यतीत करता था।

उसका परिवार भी उसकी कंजूसी की आदत से दुखी रहता था। घर में सब कुछ होते हुए भी उन बेचारों को गरीबों की तरह जीवन जीना पड़ता था। अगर कभी उसकी पत्नी या बेटे उसकी अनुपस्थिति में थोड़ा भी धन खर्च कर देते तो वह आगबबूला हो जाता।

इससे तंग आकर एक दिन उसकी पत्नी और बेटे घर छोड़ कर चले गए। इससे सेठ को दुखी होने चाहिए था। लेकिन वह बहुत खुश हुआ। उसने सोचा कि उन लोगों के जाने से फायदा ही हुआ। उनके ऊपर जो धन व्यय होता था। अब वह भी बच जाएगा। साथ ही जो दिन रात यह चिंता लगी रहती थी कि मेरी अनुपस्थिति में ये लोग मेरा धन व्यय न कर दें, उससे भी मुक्ति मिल गयी।

अब वह बड़े आनन्द से अकेले रहने लगा। शुरू शुरू में तो उसे अच्छा लगा। लेकिन जैसे जैसे दिन बीतते गए। उसे अकेलापन खलने लगा। परिवार की कमी उसे महसूस होने लगी। अब वह उदास रहने लगा। धीरे

धीरे वह बीमार पड़ गया।

धंधे में भी उसका मन कम लगने लगा। दिन पर दिन उसकी बीमारी बढ़ती जा रही थी और अब तो वह बिस्तर पर ही पड़ा रहने लगा। उसके एक पड़ोसी जो बहुत ही उदार व्यक्ति थे, एक दिन सेठ से मिलने आये। सेठ को बिस्तर पर पड़ा देखकर उसे बहुत दुख हुआ।

उसने सेठ से बातचीत के दौरान सेठ की बीमारी का कारण जान लिया। पड़ोसी ने सेठ से कहा, "सेठ जी मेरे पास आपकी बीमारी का उपाय है। लेकिन जो उपाय मैं आपको बताऊँगा उसे एक महीने तक लगातार करना पड़ेगा। सेठ बीमारी की स्थिति से परेशान था। अतः तुरंत तैयार हो गया।

तब पड़ोसी ने उसे बताया कि प्रतिदिन सुबह के समय एक मुट्ठी चावल आंगन में डालने हैं और उसका परिणाम देखना है। इसके बाद पड़ोसी अपने घर चला गया। अगले दिन सेठ ने सुबह के समय घर के आंगन में एक मुट्ठी चावल बिखेर दिए।

थोड़ी देर बाद वहां दाना चुगने के लिए पक्षी एकत्र होने लगे। सेठ बैठकर पक्षियों के क्रियाकलाप देख रहा था। पक्षियों की चहचहाहट से घर भर गया। सेठ को बड़ा मजा आया। अब तो वह रोज सुबह होने का इंतज़ार करता रहता। पक्षियों की चहचहाहट और उनके खेल में उसे बड़ा आनन्द आने लगा। उसकी तबियत में भी सुधार आने लगा। धीरे धीरे वह ठीक हो गया और खुश भी रहने लगा। एक दिन वह मिठाई लेकर अपने पड़ोसी के घर धन्यवाद देने गया। पड़ोसी सेठ को देखकर हैरान हो गया। सेठ ने बीमारी का उपाय बताने के लिए पड़ोसी को धन्यवाद कहा।

पड़ोसी ने कहा, "सेठजी, यह कोई उपाय नहीं था। आपकी समस्या का कारण आपका अकेलापन था। पक्षियों की चहचहाहट और उनके खेल से आपके अंदर का अकेलापन और उदासी दूर हुई। सेठजी! धन के प्रति आपके मोह ने आपको परिवार से दूरकर दिया।"

पड़ोसी फिर बोला, "सेठजी! धन का सदुपयोग कीजिये। दूसरों को खुशियां बांटने से खुशियां मिलती हैं। लोगों की मदद कीजिये। धन तो आता जाता रहता है। लेकिन खुशियां अनमोल हैं। खुशियां बांटो और खुश रहो।

15

गरीब की मदद

पुराने समय की बात है। यूनान के किसी गांव में तीन भाई रहते थे। तीनों बहुत महत्वाकांक्षी थे। गांव में आय के साधन सीमित थे। उनके पास थोड़ी सी खेती थी। जिससे वे अपना जीवन यापन करते थे। किंतु तीनों भाई वैभवशाली और समृद्ध जीवन जीना चाहते थे।

इसलिए उन्होंने एथेंस शहर जाकर कुछ बड़ा काम करने का निश्चय किया। गांव की सारी जमीन जायजाद बेंचकर वे एथेंस शहर पहुंचे। अपनी पूंजी से उन्होंने व्यापार शुरू किया। लेकिन व्यापार में उन्हें सफलता नहीं मिली। उनकी सारी पूंजी डूब गई।

निराश होकर तीनों भाइयों ने शहर छोड़कर जंगल में रहने का विचार किया। एक दिन सुबह सुबह वे भोजन साथ लेकर जंगल की ओर निकल पड़े। चलते चलते दोपहर हो गयी तो तीनों भाई एक तालाब के किनारे बैठ गए।

वे भोजन शुरू ही करने वाले थे कि उनके सामने एक बूढ़ा व्यक्ति आ गया। उसकी दाढ़ी बहुत लंबी थी और वह एक लाठी के सहारे थोड़ा झुककर खड़ा था। बूढ़ा व्यक्ति बिना कुछ बोले उनके बगल में आकर बैठ गया। बड़े भाई ने बूढ़े को गौर से देखा और बोला, " क्या आप कुछ खाना पसंद करेंगे।"

उसकी बात सुनकर बूढ़ा बहुत प्रसन्न हुआ। उसने कहा, " तुम भले लोग प्रतीत होते हो। शायद जंगल में भटक गए हो। चलो मैं तुम्हारी इस

जंगल से निकलने में मदद करूंगा।" इसके बाद सबने भोजन किया। भोजन करने के बाद बूढ़ा व्यक्ति भी उन लोगों के साथ चलने लगा।

चलते चलते वे लोग जंगल में काफी दूर निकल आये। जंगल के बीच में एक जगह खुला मैदान था। ऊपर बहुत सारे कौवे उड़ रहे थे। बूढ़ा व्यक्ति वहां पहुंचकर रूक गया। पीछे मुड़कर उसने सबसे बड़े भाई से पूंछा, "इस समय तुम क्या पाना चाहते हो ?"

बड़े भाई ने उत्तर दिया, "इस समय मैं चाहता हूँ कि ये जितने भी कौवे आकाश में उड़ रहे हैं। वे सब बकरियां बनकर नीचे आ जाएं और मैं उनका मालिक बन जाऊं।" बूढ़े व्यक्ति ने पूछा, "अगर ऐसा हो जाये तो क्या तुम कुछ दूध गरीबों को भी दिया करोगे ?"

बड़े भाई ने बड़ी प्रसन्नता से उत्तर दिया, "क्यों नहीं, मैं तो दूध के अलावा दही और मक्खन भी गरीबों में बांटा करूंगा।" यह सुनकर बूढ़ा बहुत खुश हुआ और उसने अपनी लाठी तीन बार जमीन पर पटकी। और एक चमत्कार हुआ। आकाश के सारे कौवे बकरी बन कर बड़े भाई के चारों ओर घूमने लगे।

बड़ा भाई बहुत प्रसन्न हुआ। उसने बूढ़े व्यक्ति को धन्यवाद दिया और वहीं रहने लगा। बूढ़ा व्यक्ति बाकी दोनों भाइयों के साथ आगे चल दिया। चलते चलते वे लोग एक घने देवदार के जंगल में पहुँचे।बूढ़े ने रुककर इस बार दूसरे नम्बर के भाई से पूछा, "तुम इस समय क्या चाहते हो ?"

उसने कहा, "मैं चाहता हूँ कि ये सारे देवदार के पेड़ जैतून के पेड़ों में बदल जाएं और मैं इनका मालिक बन जाऊं।" बूढ़े ने फिर कहा, "अगर ऐसा हो जाये तो क्या तुम कुछ जैतून का तेल गरीबों को भी दिया करोगे ?"

दूसरे भाई ने उत्तर दिया, "बिल्कुल। मैं रोज गरीबों को उनकी जरूरत के अनुसार तेल बांटा करूंगा।" यह सुनकर बूढ़ा व्यक्ति बहुत प्रसन्न हुआ। उसने अपनी लाठी तीन बार पटकी और देवदार का जंगल जैतून के जंगल में बदल गया। बड़ा भाई खुशी खुशी वहीं रुक गया।

बूढ़ा और सबसे छोटा भाई आगे बढ़ गए। चलते चलते वे एक साफ और सुंदर तालाब के पास पहुंचे। बूढ़ा व्यक्ति वहीं बैठ गया। छोटा भाई

भी उसके बगल में बैठ गया। बूढ़े ने उससे पूछा, “तुम क्या चाहते हो ?” छोटा भाई बोला, “मैं चाहता हूँ कि यह तालाब शहद के तालाब में बदल जाये और हमेशा बहता रहे।”

बूढ़े ने फिर पूछा, ” और अगर ऐसा हो जाये तो क्या तुम शहद का उपयोग गरीबों को भी करने दोगे ?” उसने उत्तर दिया, “हाँ, मैं बिल्कुल ऐसा करूंगा।” बूढ़े ने खुश होकर अपनी लाठी तीन बार जमीन पर पटकी और तालाब का सारा पानी शहद में बदल गया।

बूढ़ा व्यक्ति वहां से चल गया। वह छोटा लड़का वहीं रहने लगा। लड़के ने शहद को शहर में बेंचकर खूब पैसा कमाया और सुख सुविधापूर्ण जीवन जीने लगा। लेकिन वह अपना वादा भी नहीं भूला था। वह रोज गरीबों को शहद बांटता था। इस प्रकार काफी दिन बीत गए।

एक दिन उसके मन में विचार आया कि अपने भाइयों से मिलने चलना चाहिए। अपना काम दूसरे लोगों को सौपकर वह भाइयों से मिलने चल पड़ा। दूसरे नम्बर के भाई के जैतून के जंगल के पास पंहुचकर उसने देखा कि वहां जैतून कि बजाय पहले की तरह देवदार के पेड़ खड़े हैं। उसका भाई भी उसे कहीं दिखाई नहीं दिया।

उसने अपने भाई को बहुत ढूंढा लेकिन वह कहीं नहीं मिला। वह दुखी मन से सबसे बड़े भाई के पास चल पड़ा। घास के मैदान के पास पहुंचकर उसने देखा कि उसका सबसे बड़ा भाई भी वहां नहीं था। न तो उसकी बकरियां ही वहां थीं न वह स्वयं था। उसने उसे भी बहुत ढूंढ लेकिन वह भी नहीं मिला।

दुखी होकर वह थोड़ा आगे बढ़ा तो उसे एक चट्टान पर वही बूढ़ा व्यक्ति बैठा मिला। छोटे लड़के को देखकर बूढ़ा बहुत प्रसन्न हुआ। उसने कहा, “तुमने गरीबों के लिए किया गया अपना वादा निभाया, इसलिए तुम सुख भोग रहे हो। वे लोग अपना वादा भूल गए, उन्होंने गरीबों को कुछ नहीं दिया। इसलिए वे उसका दुष्परिणाम भोग रहे हैं” यह कहकर बूढ़ा अन्तर्ध्यान हो गया।

सीख - अपने पास उपलब्ध संसाधनों से गरीबों की मदद जरूर करनी चाहिए। साथ ही अगर हम कोई लाभ प्राप्त करने के लिए कोई वादा करते हैं तो उसे जरूर निभाना चाहिए।

16

कमजोरी ही बनी ताकत

अमेरिका में सोलह साल का एक लड़का था। एक सड़क दुर्घटना में उसका बायां हाथ चला गया। इसकी वजह से वह हीन भावना से ग्रस्त हो गया था। वह लोगों से मिलने जुलने में झिझक महसूस करने लगा। पढ़ाई में भी उसकी स्थिति कमजोर हो गयी।

वस्तुतः एक हाथ न होने की वजह से वह स्वयं को दूसरों से कमजोर समझता था। इसलिए उसने अपने पिता से कहा कि वह जूडो कराटे सीखना चाहता है। उसके पिता ने सोचा कि एक हाथ का लड़का जूडो कराटे कैसे सीखेगा ? फिर भी वे लड़के का मन रखने के लिए उसे शहर के सबसे अच्छे कराटे कोच के पास लेकर गए।

कोच का नाम सेंसी था। उन्होंने लड़के को देखा और उससे पूछा, "क्या तुम सचमुच सीखना चाहते हो ? क्योंकि इसमें बहुत मेहनत और समय लगता है। क्या तुम्हारे पास पर्याप्त समय और धैर्य है ?"

लड़के ने उत्तर दिया, "जी हाँ। मैं पूरी लगन और मेहनत से सीखने को तैयार हूँ। तब सेंसी ने कहा, " तुम कल से आ सकते हो।" दूसरे दिन से लड़का प्रतिदिन जूडो कराटे सीखने लगा। तीन महीने तक लड़के ने पूरी लगन से कोच की बताई प्रत्येक बात का पालन किया।

लेकिन वह देख रहा था कि कोच उसको केवल एक ही दांव सिखाते हैं। बार बार केवल उसी दांव की प्रैक्टिस कराते हैं। एक दिन उसने सेंसी से पूछ ही लिया, " सर, तीन महीने हो गए। आपने मुझे केवल एक ही दांव सिखाया है। जबकि दूसरे लड़कों को इन तीन महीनों में आपने कई दांव सिखा दिए हैं।

सेंसी ने कहा, " तुम्हारे लिए यही एक दांव ही पर्याप्त है। तुम्हें दूसरा कोई दांव सीखने की जरूरत नहीं है।" कोच की बात से लड़का संतुष्ट तो नहीं हुआ। लेकिन वह अपने कोच का बहुत विश्वास करता था। इसलिए उसने अपना पूरा ध्यान उसी दांव में महारत हासिल करने में लगा दिया।

दो महीने बाद शहर में जूडो कराटे की प्रतियोगिता का आयोजन हुआ। सेंसी लड़के को भी उस प्रतियोगिता में लेकर गया। लड़का प्रतियोगिता में प्रतिभाग करने से झिझक रहा था। उसे लग रहा था कि उसका एक हाथ भी कम है और उसने केवल एक ही दांव सीखा है। वह पूरी तरह प्रशिक्षित इन लड़कों का सामना कैसे करेगा ?

लेकिन कोच सेंसी ने उसे हिम्मत दी और कहा, " तुम कुछ मत सोचो, बस आज तक तुमने जो भी सीखा है, उसी का प्रयोग करना। तुम जरूर जीतोगे।" लड़के ने अपने शुरुआती मैच आसानी से जीत लिए। उसका आत्मविश्वास कुछ बढ़ा।

सेमीफाइनल में मुकाबला कुछ देर चला। लेकिन अपने सीखे एक ही दांव से उसने वह भी जीत लिया। लड़का फाइनल में पहुँच चुका था। दर्शक भी रोमांचित थे कि सिर्फ एक हाथ से लड़के ने कई प्रतिद्वंदियों को हरा दिया।

फाइनल में उसका मुकाबला एक लंबे तगड़े लड़के से था। दर्शकों को लग रहा था कि वह उसका मुकाबला नहीं कर पायेगा। लेकिन अब उसका आत्मविश्वास जाग चुका था। रेफरी को भी लग रहा था कि यह बराबरी का मुकाबला नहीं है। वह मैच को रोक देना चाहता था। लेकिन सेंसी ने मना कर दिया।

लड़के का प्रतिद्वंद्वी अपने से कमजोर और एक हाथ से विकलांग लड़के को देखकर थोड़ा लापरवाह हो गया था। वह अपने बचाव पर कम ध्यान दे रहा था और लगातार आक्रमण कर रहा था। इसी से लड़के को

मौका मिला और अपने एकमात्र दांव से उसने अपने प्रतिद्वंद्वी को पटक दिया।

लोग खुशी और आश्चर्य से चिल्ला उठे। स्वयं लड़के को भी विश्वास नहीं हो रहा था कि उसने प्रतियोगिता जीत ली है। वापस लौटते समय उसने कोच सेंसी से पूछा, " सर, मैं तो केवल एक ही दांव जानता हूँ मैंने कैसे इन पूर्ण प्रक्षिक्षण प्राप्त लड़कों को हरा दिया ?"

तब सेंसी ने बताया, " तुमने केवल एक ही दांव पर चार महीने मेहनत की। इसलिए इस दांव में तुम्हें महारत हासिल हो गई है। बाएं हाथ को पकड़कर ही इस दांव को काटा जा सकता है। जोकि तुम्हारे पास नहीं है। इस प्रकार तुम्हारा यह दांव अजेय हो गया। तुम्हारी कमजोरी ही तुम्हारी ताकत बन गयी।

17

साधू पद की गरिमा

राजा भोज धारा नगरी के राजा थे। वे बड़े दयालु, विद्वान, कलापारखी और स्वयं भी कई कलाओं में पारंगत थे। उनके दरबार में विद्वानों और कलाकारों का बहुत सम्मान होता था।

एक बार उनके दरबार में एक बहुरूपिया आया। वह तरह तरह के रूप धारण करने में पारंगत था। उसने राजा से पांच रुपये दान देने की प्रार्थना की।

राजा भोज ने उसे दान देने से यह कहते हुए इंकार कर दिया कि वे कलाकारों को दान नहीं देते। बल्कि वे उनकी कला देखकर उन्हें पुरस्कार देते हैं। अगर वह अपनी कला का प्रदर्शन करे तो उसे पुरस्कार मिल सकता है।

बहुरूपिये ने राजा से अपनी कला का प्रदर्शन करने के लिए तीन दिन का समय मांगा। राजा ने उसे समय देते हुए कहा कि ठीक तीन दिन बाद वह दरबार में अपनी कला का प्रदर्शन करे।

अगले दिन राज्य की सीमा पर एक साधू का आगमन हुआ। साधू ने एक पेड़ के नीचे अपना आसन जमाया और ध्यानमग्न होकर बैठ गया। वहां गाय चरा रहे कुछ चरवाहों ने साधू को देखा।

वे साधू के पास गए और साधू से बोले, “महाराज ! यहां जंगल में आप क्यों बैठे हैं ? नगर में चलिए। वहां आपके भोजन और रहने की उचित व्यवस्था हो जाएगी। यहां आपको कुछ नहीं मिलेगा। जंगली जानवरों

का भय अलग लगा रहेगा।"

साधू मौन ध्यानमग्न बैठा रहा। उसने कोई उत्तर नहीं दिया। चरवाहों ने साधू से बार बार आग्रह किया। लेकिन साधू ने आंखें नहीं खोलीं। थक हारकर चरवाहे नगर में लौट गए।

नगर में उन्होंने उस विचित्र साधू के बारे में लोगों को बताया। अगले दिन साधू के पास लोगों का जमावड़ा लग गया। लोग उसके लिए तरह तरह के उपहार और फल फूल लेकर पहुंचे। लेकिन साधू ने आंखें नहीं खोली।

उस साधू की खबर जब नगर के व्यापारी और धनाढ्य लोगों को लगी तो वे भी सोना चांदी और धन लेकर साधू के पास गए कि शायद साधू आंख खोल कर उन्हें आशीर्वाद दे दे। लेकिन साधू ने फिर भी आंखें नहीं खोलीं।

यहां तक कि राजा के प्रधानमंत्री ने भी वहां जाकर बहुत प्रयत्न किए लेकिन साधू का ध्यान नहीं टूटा। जब राजा भोज को पता चला तो वे भी ऐसे चमत्कारी साधू के दर्शन के लिए व्यग्र हो उठे।

राजा भोज अपनी रानियों के साथ बहुत सी अशर्फियों और हीरे जवाहरात के साथ साधू के दर्शन के लिए पहुंचे। उन्होंने सारा धन साधू के चरणों में रखकर उनसे आंखें खोलकर आशीर्वाद देने की प्रार्थना की।

लेकिन साधू ध्यानमग्न ही रहे। तब राजा ने कहा, " आप एक बार आंखें खोलकर आशीर्वाद दे दीजिए। इसके बदले मैं अपना सारा खजाना आपके चरणों में समर्पित करता हूँ।"

लेकिन साधू पर इस अपार धन वैभव का कोई असर नहीं हुआ। हारकर राजा भोज साधू को प्रणाम करके वापस लौट गए।

तीन दिन बीत चुके थे। आज बहुरूपिये को राजा के सामने अपनी कला का प्रदर्शन करना था। नियत समय पर बहुरूपिया दरबार में उपस्थित हुआ। सभी लोग उससे कला के प्रदर्शन की अपेक्षा कर रहे थे।

लेकिन बहुरूपिया बोला, " महाराज मुझे मेरा पुरस्कार दिया जाय।" तो राजा ने कहा, "तुमने अभी अपनी कला का प्रदर्शन तो किया नहीं तो तुम्हे पुरस्कार किस लिए दिया जाय ?"

बहुरूपिये ने हँसकर कहा, “महाराज! मैं अपनी कला का प्रदर्शन कर चुका हूँ। नगर के बाहर जिस साधू के दर्शन के लिए आप गए थे। वह मैं ही था।”

राजा यह सुनकर दंग रह गए। वे बहुरूपये की कला से बहुत प्रभावित हुए, साथ ही उसकी मूर्खता पर क्रोधित भी। राजा ने कहा, “मूर्ख! वहां तेरे सामने पूरे राज्य का खजाना रखा था। उसे तूने छुआ भी नहीं और यहां पांच रुपये का पुरस्कार मांग रहा है।”

बहुरूपिये ने राजा को उत्तर दिया, “महाराज! मैं उस समय साधू के वेश में था। उस समय मुझे सच्चे साधू की तरह आचरण करना था। मुझे साधू के वेश और पद की गरिमा का मान रखना था। यही सच्चे कलाकार की निशानी होती है। परंतु इस समय मैं एक बहुरूपिया हूँ और अपना ईनाम चाहता हूँ।”

राजा उसके जवाब से बहुत प्रसन्न हुए और उसे सौ अशर्फियाँ देकर विदा किया।

18

वाणी से व्यक्तित्व की पहचान

एक नगर में एक सेठ रहता था। वह बहुत कड़वा बोलता था। वह सरल और मीठी बातों का जवाब भी बहुत चिड़चिड़ेपन से कटु बातों के द्वारा देता था। उसके परिवार, रिश्तेदार, मित्र आदि उसकी इस आदत से बहुत परेशान थे।

इतना ही नहीं उसके कटु स्वभाव का असर उसके व्यापार पर भी पड़ रहा था। उसके यहां ग्राहक आने से कतराने लगे थे। जिससे उसकी बिक्री कम होने लगी और उसका व्यापार घाटे में आ गया।

इससे सेठ चिंतित हुआ लेकिन उसने अपने स्वभाव की कमी पर विचार नहीं किया। उन्हीं दिनों नगर में एक महात्माजी आये। वे लोगों की समस्याएं दूर करने के लिए प्रसिद्ध थे।

एक दिन सेठ ने विचार किया कि मैं भी महात्माजी से अपनी समस्या के निराकरण का उपाय पूछूँ। एक दिन सवेरे सवेरे वह महात्माजी के पास पहुंचा। लेकिन वहां पहले से ही लोगों की भीड़ लगी थी।

कुछ समय बीतने के बाद भी जब सेठ का नम्बर नहीं आया तो वह व्यग्र हो उठा। उसे दुकान खोलने के लिए देर हो रही थी। महात्मा जी से पहले मिलने के चक्कर में उसका लोगों से झगड़ा हो गया।

कोलाहल सुनकर बाबाजी का ध्यान सेठ की ओर गया। झगड़े का कारण जानने के बाद बाबाजी ने सेठ को बुलाया और कहा, "आओ, पहले तुम्हारी बात ही सुन लेते हैं"।

सेठ ने बाबा को अपनी समस्या बताई। महात्माजी सेठ के स्वभाव के अवगुन को पहले ही जान चुके थे। वे बोले, "तुम्हारी समस्या का निराकरण बताने से पहले मैं तुम्हे एक कहानी सुनाना चाहता हूँ।

कोशल राज्य में एक बहुत ही धनी व्यापारी था। एक बार वह अपने नौकरों को लेकर एक यात्रा पर निकला। रास्ते में एक नगर के पास उसे जोर की प्यास लगी। उसने अपने नौकर को नगर से पानी लेने भेजा।

उसने नगर में जाकर देखा कि एक कुँए पर एक अंधा व्यक्ति लोगों को पानी पिला रहा है। उसने अकड़ कर कहा, "ओ अंधे एक लोटा पानी मुझे भी दे दे।" यह सुनकर अंधा व्यक्ति बहुत नाराज हुआ।

अंधे व्यक्ति ने उसी तरह अकड़ कर कहा, ' मैं मूर्ख और कटुभाषी नौकरों को पानी नहीं देता। " यह सुनकर वह नौकर वापस चला आया। जब सेठ ने यह बात सुनी तो उसने स्वयं जाकर देखने का निर्णय लिया।

जब उसने अंधे व्यक्ति को पानी देते देखा तो उसने कहा, " बाबा में बहुत प्यास हूँ। क्या आप मुझे एक लोटा पानी देने की कृपा करेंगे। अंधे ने प्रसन्नतापूर्वक कहा, "आइये बैठिये सेठजी और आराम से जल पीजिये।"

पानी पी लेने के बाद सेठ ने अंधे व्यक्ति से पूछा, "बाबा! आपने कैसे जाना कि मैं सेठ हूँ जबकि आप देख नहीं सकते।" तब अंधे व्यक्ति ने उत्तर दिया किवाणी व्यक्तित्व की पहचान होती है। *किसी व्यक्ति के स्वभाव का अंदाजा उसकी वाणी से सहज ही लगाया जा सकता है।*

कहानी सुनाने के बाद महात्मा जी बोले, "बेटा, इसी प्रकार तुम्हारी भी वाणी ही तुम्हारी सारी समस्याओं की जड़ है। अपनी वाणी में सुधार करो जिससे तुम्हारे व्यक्तित्व में सुधार होगा। फिर तुम्हारे सारे काम सही हो जाएंगे।"

यह सुनकर सेठ को अपनी गलती का अहसास हो गया। उसने अपने स्वभाव को बदलने का निश्चय किया।

सीख - हमारी वाणी हमारे व्यक्तित्व का सबसे महत्वपूर्ण अंग है। इससे हम शत्रु भी बना सकते हैं और मित्र भी। कबीरदास जी ने भी कहा है-

ऐसी बानी बोलिये, मन का आप खोय।
औरन को शीतल करे, आपहुँ शीतल होय।।

19

एक गिलास दूध की कीमत

एक छोटे से कस्बे में एक लड़का रहता था। वह पढ़ाई लिखाई में बहुत होशियार था। पढ़ाई के साथ साथ अपने परिवार का भरण पोषण करने के लिए वह घर घर जाकर सामान बेचा करता था।

गर्मी का मौसम था। लड़का एक मोहल्ले में सामान बेच रहा था। तेज धूप और भूख ने लड़के को परेशान कर दिया था। उसने तय किया कि अगले घर में वह खाना मांग लेगा।

उसने अगले घर का दरवाजा खटखटाया तो दरवाजा एक लड़की ने खोला। अपने सामने एक लड़की को देखकर वह हड़बड़ा गया। उसने खाने की जगह एक गिलास पानी मांग लिया।

लेकिन लड़की ने उसकी स्थिति देखकर जान लिया कि वह भूखा है। वह पानी की बजाय उसके लिए *एक बड़ा गिलास* दूध ले आयी।

लड़के ने बिना कुछ कहे चुपचाप दूध पी लिया। दूध पीने के बाद उसने लड़की से पूछा, "दूध के कितने पैसे दूं?" लड़की ने कहा, "पैसे देने की जरूरत नहीं है। मेरी माँ कहती है, किसी की मदद करने के पैसे नहीं लिए जाते।"

लड़के ने उत्तर दिया "फिर में आपको दिल से धन्यवाद देता हूँ।" लड़का जब वहां से निकला तो उसे ताकत भी मिल चुकी थी और ईश्वर

एवं मानवता में उसका विश्वास भी बढ़ चुका था।

इस घटना को बहुत साल बीत गए। एक बार वह लड़की बहुत बीमार पड़ गयी। कस्बे के डॉक्टरों ने जवाब दे दिया। उसे शहर के एक नामी हॉस्पिटल में ले जाया गया।

वहां के डॉक्टरों ने बताया कि उस लड़की जीवन केवल मशहूर डॉक्टर होवार्ड केल्ली ही बचा सकते हैं। संयोग से वे उस दिन उसी शहर में थे।

लेकिन वे इतने व्यस्त होते हैं कि उनका अप्वाइंटमेंट मिलना बहुत मुश्किल होता है। लड़की के परिजनों के अनुरोध पर हॉस्पिटल के मैनेजमेंट ने डॉक्टर होवार्ड केल्ली से बात की।

डॉक्टर केल्ली ने जब उस कस्बे के नाम सुना तो लड़की को देखने के लिए तुरंत तैयार हो गए। हॉस्पिटल में लड़की को देखकर डॉक्टर केल्ली तुरंत उस लड़की को पहचान गए।

ये वही लड़की थी जिसने उन्हें बचपन में एक बार एक गिलास दूध पिलाया था। वह भी बिना मूल्य लिये। डॉक्टर केल्ली ने उसका जीवन बचाने के लिए हरसंभव प्रयास करने का संकल्प लिया।

उनके प्रयासों से आखिरकार लड़की बच गयी। डॉक्टर केल्ली ने बिलिंग काउंटर से उसका बिल लिया और उस पर एक नोट लिखकर उसे लड़की के पास भिजवा दिया।

बिल का लिफाफा देखकर लड़की की रूह कांप गयी। इतने बड़े हॉस्पिटल का बिल भी भारी भरकम होगा। इसका भुगतान कैसे होगा? यह सोचते हुए उसने लिफाफा खोला तो बिल के एक किनारे पर पेन से लिखा था कि इस बिल का भुगतान एक गिलास दूध की कीमत से किया जा चुका है। नीचे डॉक्टर होवार्ड केल्ली के हस्ताक्षर थे।

लड़की को सालो पुरानी वह घटना याद आ गयी और उसकी आँखों से आंसू बहने लगे।

20

लोभ का घड़ा

राजा प्रसेनजित के राज्य में एक नाई रहता था। अपनी थोड़ी सी आय में वह पूरी तरह संतुष्ट था। राजा के दरबार से जो वेतन मिलता था। उसी में उसका पूरा परिवार बड़े आराम से गुजारा कर लेता था।

एक दिन नाई कहीं जा रहा था। रास्ते में उसे एक पीपल का पेड़ मिला। जैसे ही वह पीपल के पेड़ के नीचे से गुजरा। उसे एक आवाज सुनाई पड़ी- "सात घड़ा धन लेगा?" उसने हैरान होकर इधर-उधर देखा।

लेकिन कहीं कोई नहीं दिखाई दिया। तब तक उसे फिर वही आवाज सुनाई दी- "सात घड़ा धन लेगा?" नाई के मन में लोभ आ गया। उसने सोचा कि बिना कुछ किये अगर धन मिल रहा है। तो लेने में क्या हर्ज है?

उसके ऐसा सोचते ही आवाज आई- "ठीक है, सात घड़ा धन तेरे घर पर पहुंच चुका है।" नाई जल्दी-जल्दी घर पहुंचा। वहां जाकर उसने देखा कि सात घड़े सचमुच रखे हैं। वह बहुत प्रसन्न हुआ।

नाई ने एक-एक करके सभी घड़ों को खोलकर देखा। सभी सोने चांदी से पूरे भरे हुए थे। लेकिन जब उसने सातवां घड़ा खोला तो वह दुखी हो गया। क्योंकि सातवां घड़ा थोड़ा सा खाली था।

उसने सोचा कि यदि यह भी पूरा भरा होता तो कितना अच्छा होता! उसने सातवें घड़े को भी पूरा भरने का निश्चय किया। घर में जो भी सोने चांदी का सामान था। वह सब उसने उसमें डाल दिया। लेकिन घड़ा नहीं भरा।

फिर उसने अपनी पत्नी के गहने भी घड़े में डाल दिये। लेकिन घड़ा नहीं भरा। अब तो नाई को घड़े को भरने की धुन सवार हो गयी। उसने अपने वेतन का एक बड़ा हिस्सा उस घड़े में डालना शुरू कर दिया।

लेकिन घड़ा वैसा ही रहा। फिर उसने राजा से अपना खर्च न चलने की बात कहकर वेतन बढ़ाने की विनती की। राजा ने उसका वेतन दोगुना कर दिया। अब उसने और ज्यादा पैसे घड़े में डालने शुरू कर दिए।

घड़े पर फिर भी कोई असर नहीं पड़ा। वह उतना ही खाली रहा। घड़े को भरने की अपनी धुन के चक्कर में उसने पूरा वेतन डालना शुरू कर दिया। लेकिन घड़ा नहीं भरा।

नाई की सनक से उसके परिवार को बहुत तकलीफ उठानी पड़ी। उनको अपने खर्च और खाने पीने की भी तंगी होने लगी। नाई लोगों से मांग कर काम चलाने लगा। एक दिन उसने राजा से कुछ पैसे मांगे।

तक राजा ने कहा, "क्यों रे! पहले तेरा वेतन कम था। तब तू बड़ा संतुष्ट था। अब तेरा वेतन दोगुना हो गया है। तब भी तुझे पूरा नहीं पड़ता है। कहीं तू सात घड़ा धन तो नहीं ले आया।"

यह सुनकर नाई हक्का बक्का रह गया। उसने धीमे स्वर में पूछा, "आपको किसने बताया?" राजा ने हंसकर कहा, "मूर्ख! वह यक्ष का धन है। वह खर्च करने के लिए नहीं इकट्ठा करने के लिए है। एक बार वह मुझे भी सात घड़े धन देने की बात कह रहा था।

जब मैंने पूछा कि यह धन रखने के लिए है या खर्च करने के लिए। तो वह बिना जवाब दिए भाग गया। उन घड़ों को तुरंत वापस कर आ। तू जिंदगी भर भरता रहेगा तो भी वह नहीं भरेगा। *वह लोभ का घड़ा है*। जो कभी नहीं भरता।

बात नाई की समझ में आ गयी। वह भाग कर पेड़ के नीचे पहुंचा और सात घड़े धन वापस लेने की प्रार्थना की। वहां से आवाज आई- "ठीक है।" जब नाई वापस घर पहुंचा तो उसने देखा कि सातों घड़े गायब हो चुके थे।

दुख की बात बस इतनी थी कि इतने दिनों में नाई ने जो धन घड़े में डाला था। वह भी चला गया था।

21

समाधान

माधवपुर गांव में एक किसान मनोहर रहता था। खेती करने के लिए उसके पास एक बड़ा सा खेत था। वही खेत ही उसकी आजीविका का साधन था। उस खेत से प्राप्त अनाज से ही उसके परिवार का पालन पोषण होता था।

लेकिन उसके खेत में एक समस्या थी। खेत के बीचोबीच एक बड़ा सी चट्टान दबी हुई थी। जिसका ऊपरी हिस्सा बाहर निकला हुआ था। उस पत्थर ने खेत का एक बड़ा उपजाऊ हिस्सा बेकार कर रखा था। जिससे मनोहर का काफी नुकसान होता था।

इतना ही नहीं खेत में काम करते समय उसे बड़ी सावधानी बरतनी पड़ती थी। अन्यथा कृषियंत्र उस पत्थर से टकराकर टूट जाते थे। कई बार मनोहर के कई कृषि के औजार उस पत्थर से टकराकर टूट चुके थे। उन्हें ठीक करवाने में मनोहर को काफी पैसा भी खर्च करना पड़ा था।

मनोहर ने कभी उस पत्थर को हटाने का प्रयास नहीं किया था। क्योंकि उसे लगता था कि वह एक विशाल चट्टान है। जो जमीन में काफी अंदर तक दबी है। उसे निकालने में बहुत मेहनत लगेगी और हो सकता है कि कुछ धन भी खर्च करना पड़े।

एक दिन जब वह खेत की जुताई कर रहा था तो बहुत सावधानी बरतने के बावजूद हल चट्टान से टकराकर टूट गया। मनोहर को बहुत गुस्सा आया। उसने सोचा बस बहुत हो गया। जैसे भी होगा अब कल ही

मैं इस चट्टान को खेत से बाहर निकलवाऊंगा।

दूसरे दिन उसने अपने गांव और पड़ोस के गांव से अपने मित्रों को खेत में इकट्ठा किया। उसने उनसे कहा, "साथियों ! यह चट्टान बहुत समय से मेरे खेत में है। इसकी वजह से मुझे बहुत नुकसान होता है। यद्यपि यह बहुत भारी होगी लेकिन आज आप लोगों की मदद से मैं इसे निकालकर ही रहूंगा।

फिर सब लोगों ने मिलकर चट्टान को खेत से हटाने के लिए जोर लगाया तो बड़ी आसानी से अपनी जगह से हट गया। सबको बड़ा आश्चर्य हुआ। फिर जब सबने ध्यान से देखा तो पता चला कि वह चट्टान नहीं पत्थर का एक बड़ा टुकड़ा था।

यह देखकर उसके मित्रों ने कहा, "मनोहर ! यह तो एक साधारण पत्थर था, कोई चट्टान नहीं। इसका मतलब यह हुआ कि तुमने कभी इसका ध्यान से न तो निरीक्षण किया और न ही कभी हटाने का ही प्रयास किया। अगर तुम चाहते तो इसे स्वयं भी हटा सकते थे। अगर तुमने समय पर इस समस्या का समाधान करने की कोशिश की होती तो तुम्हें इतने दिनों तक नुकसान नहीं उठाना पड़ता।"

मनोहर को अपनी गलती का अहसास हो गया था। उसे बहुत पछतावा भी हुआ।

22

मुर्ख चरवाहा

किसी गांव में एक चरवाहा था। उसे एक बुरी आदत थी। उसे लोगों को परेशान करने में बड़ा मजा आता था। उसका गांव जंगल के किनारे था। जिसके कारण कभी कभी शेर, भालू, हाथी आदि जानवर उसके गांव के किनारे तक आ जाते थे।

एक दिन जब वह अपनी भेड़ें चराने जंगल के किनारे गया तो उसे एक नई शरारत सूझी। वह जोर जोर से चिल्लाने लगा- "शेर आया, शेर आया।" गांव के लोगों ने सुना तो वे लाठी-डंडे लेकर दौड़े। जब वे उसके पास पहुँचे और पूछा कि शेर कहाँ है?

गांव वालों को देखकर वह हंसने लगा। उसे हंसते देखकर गांव वाले समझ गए की यह उसकी शरारत थी। वे सब बहुत नाराज हुए और उसे खूब खरी-खोटी सुनाई। लेकिन उसपर कोई फर्क नहीं पड़ा। वह तो सबको परेशान देखकर बहुत खुश था।

दो- चार दिन बीतने के बाद उसने फिर शेर आया शेर आया कहकर गांव वालों को बुलाया। गांववालों ने सोचा शायद इस बार सचमुच शेर आ गया हो। वे फिर दौड़े। लेकिन इस बार भी चरवाहे ने शरारत ही की थी।

गांव वाले एक बार फिर नाराज होकर लौट गए। कुछ दिन बाद जब एक शाम चरवाहा अपनी भेड़ें चरा रहा था तो सचमुच एक शेर आ गया। वह उसकी भेड़ों को खींचकर जंगल में ले जाने लगा। चरवाहा डरकर चिल्लाया- "शेर आया, शेर आया।"

गांव वालों ने सुना लेकिन इसे चरवाहे की शरारत समझकर इस बार कोई नहीं आया। भेड़ों के बाद शेर ने चरवाहे को भी अपना शिकार बना लिया।

सीखः यह कहानी हमें सीख देती है कि झूठ बोलकर लोगों को परेशान करना अच्छी आदत नहीं है। ऐसा करने वाले पर लोग विश्वास करना बंद कर देते हैं।

23

लालच का चक्कर

एक कुत्ता था। एकदिन कहीं से उसे एक रोटी मिली। वह रोटी मुँह में दबाकर किसी सुरक्षित स्थान की खोज में जा रहा था। रास्ते में वह एक तालाब के पास से गुजरा। अचानक तालाब में उसे अपनी परछाई दिखाई दी।

जिसे देखकर वह रुक गया। उसे लगा तालाब में कोई दूसरा कुत्ता है और उसके पास भी एक रोटी है। रोटी देखकर उसे लालच आ गया। उसने सोचा कि अगर यह रोटी भी मुझे मिल जाये तो मेरे पास दो रोटियां हो जायेंगीं।

लालच ने उसका दिमाग कुंद कर दिया। उसने सोचा कि यदि मैं इस कुत्ते को डराकर भगा दूं तो दूसरी रोटी भी मेरी हो जाएगी। ये सोचकर वह तालाब में दिख रहे अपने अक्स की ओर मुंह करके जोर से भौंका। वह भूल गया कि उसके मुंह में रोटी दबी है।

भौंकने के लिए मुंह खोलते ही उसके मुंह से रोटी निकलकर ताकब में गिर गयी। रोटी गिरने से तालाब के पानी में हलचल हुई। जिससे तालाब में दिख रहा दूसरा कुत्ता यानी उसकी परछाई भी गायब हो गयी। ज्यादा के लालच में जो उसके पास था, वह भी गंवा बैठा। इसीलिए कहते हैं- "लालच बुरी बला"

सीखः ज्यादा का लालच छोड़कर जो पास में हो, उसी से संतुष्ट रहना चाहिए।

24

एकता में फूट

एक जंगल में कुछ भेड़ें और कुछ शिकारी कुत्ते साथ रहते थे। उनमें गहरी मित्रता थी। शिकारी कुत्ते भेड़ों की सुरक्षा करते थे। जिसके कारण भेड़िये। चाहकर भी उनका शिकार नहीं कर पाते थे।

काफी दिनों तक मौका ताड़ने के बाद भी जब भेड़िये भेड़ों का शिकार नहीं कर पाए। तब उन्होंने एक चाल चली। एक दिन जब शिकारी कुत्ते भेफों से थोड़ा दूर थे। तब वे भेड़ों के पास गए।

उन्होंने भेड़ों से कहा, "हमारी तुमसे कोई शत्रुता नहीं है। हम तो तुमसे मित्रता करना चाहते हैं। लेकिन ये शिकारी कुत्ते हमें बिल्कुल पसंद नहीं हैं। ये बहुत शोर करते हैं। तुम लोग इनके साथ रहती हो। इसलिए हम तुमसे भी नाराज रहते हैं।"

"अगर तुम इनका साथ छोड़ दो तो हमारी मित्रता हो जाएगी। हम तुम्हारी सुरक्षा करेंगे।" भेड़ों ने सोचा कि यह अच्छी बात है। यदि भेड़ियों से मित्रता हो जाये तो हमारा जीवन भयमुक्त हो जाएगा। फिर हमें कुत्तों के पहरे में नहीं रहना पड़ेगा। हम स्वेच्छा से कहीं भी आ जा सकती हैं।"

थोड़ी देरबाद जब कुत्ते उनके पास आये तो भेड़ों ने कहा, "हमें तुम्हारे साथ कि जरूरत नहीं है। तुम लोग बहुत शोर करते हो। इसलिए तुम कहीं और चले जाओ।"

यह सुनकर कुत्ते नाराज हो गए। वे भेड़ों को छोड़कर जंगल के दूसरी ओर चले गए। फलस्वरूप भेड़ें सुरक्षाविहीन हो गईं। आगे क्या हुआ होगा

आप आसानी से अंदाजा लगा सकते हैं। सारी भेड़ें भेड़ियों का शिकार हो गईं।

सीख: किसी के बहकावे में आकर हमें अपने मित्रों का साथ नहीं छोड़ना चाहिए।

25

उड़न कछुआ

एक तालाब में देवदत्त नामक एक कछुआ रहता था। वह पक्षियों को आकाश में उड़ते देखता तो उसे बड़ा दुख होता कि वह उड़ नहीं सकता। वह अक्सर आकाश में उड़ने के सपने देखा करता।

उसी तालाब पर दो हंस रोज़ पानी पीने आते थे। धीरे धीरे उनकी कछुए से दोस्ती हो गयी। एक दिन कछुए ने उन्हें अपनी उड़ने की इच्छा बताई। जिस पर उन्होंने समझाया, “दोस्त ! तुम्हारा शरीर उड़ने के लिए नहीं बना है। इसलिए तुम्हें उड़ने के बारे में नहीं सोचना चाहिए।”

यह सुनकर कछुआ उदास हो गया। कछुए को उदास देखकर हंस बोले, “मित्र, उदास मत हो। हम कुछ उपाय करते हैं। जिससे तुम उड़कर देख पाओगे। अगले दिन हंस एक मजबूत लकड़ी का डंडा लेकर आये।

उन्होंने कछुए से कहा, “तुम इस डंडे को बीच में अपने मुंह से पकड़ लो। हम दोनों इसको दोनों किनारों से पकड़ लेते हैं। उसके बाद हम डंडे सहित तुमको लेकर आकाश में उड़ जाएंगे। तुम्हें बस इतना ध्यान रखना है कि किसी भी हालत में डंडे को छोड़ना नहीं है।”

उनकी बात सुनकर कछुआ बहुत प्रसन्न हुआ और झटपट तैयार हो गया। हंस उसे लेकर आकाश में उड़ चले। कछुआ आकाश में उड़ता हुआ बहुत प्रसन्न था। आज उसकी वर्षों की इच्छा पूर्ण हुई थी।

थोड़ी देर बाद उड़ते हुए हंसों ने कछुए से पूछा, “मित्र, उड़ने में मजा आ रहा है, न। कछुआ इतना खुश था कि वह भूल गया कि उसने मुंह से

डंडा पकड़ा हुआ है। जिसके सहारे वह उड़ रहा है। जैसे ही उसने उत्तर देने के लिए मुंह खोला। डंडा हाथ से छूट गया।

कछुआ नीचे जमीन पर एक नुकीली चट्टान पर गिरा और उसकी जीवनलीला समाप्त हो गयी।

सीखः हमें सदैव अपनी क्षमताओं के अनुसार कार्य करना चाहिए। दूसरों को देखकर नकल करने का प्रयास नहीं करना चाहिए।

26

कुसंगति हुई दुर्गति

एक किसान था। एक कौवों का झुंड उसके खोतों में बड़ा उत्पात मचाता था। वे खड़ी फसल के दाने चुग जाते थे। किसान उनसे बहुत परेशान था। उसने कौवों को भगाने का बहुत प्रयत्न किया। लेकिन कौवे बार बार आ जाते और फसल का नुकसान करते।

वहीं पास में एक सारस भी रहता है। सारस बहुत ही शांत और अच्छे स्वभाव का पक्षी होता है। वह किसी को नुकसान नहीं पहुंचाता। छोटे छोटे कीड़े मकोडों को कहकर वह अपना पेट भरता है।

कौवों से परेशान किसान ने उन्हें जाल डालकर फंसाने की योजना बनाई। जिस दिन उसने जाल डाला। संयोग से उस दिन सारस भी कौवों से बात करने के लिए खेत में आ गया था। इसलिए जाल में कौवों के साथ साथ सारस भी फंस गया।

जाल में फंसे सारस ने किसान से कहा, "किसान भाई, मैंने तुम्हारा कोई नुकसान नहीं किया है। मैं कभी किसी का कोई नुकसान नहीं करता हूँ। बल्कि फसल को नुकसान पहुंचाने वाले कीड़ों मकोड़ों को खाकर तुम्हारी मदद ही करता हूँ। इसलिए मुझे मुक्त कर दो।"

लेकिन किसान बोला, "तुम्हारी बात ठीक है। लेकिन तुम इन दुष्ट कौवों के साथ पकड़े गए हो। कुसंगति हमेशा नुकसान करती है। गेंहूँ के साथ घुन भी पीसा जाता है। इसलिए कुसंगति का फल तुम्हे भी मिलेगा। मैं तुम्हें मुक्त नहीं कर सकता। इन दुष्ट कौवों के साथ ही तुम्हें भी मैं

यहां से बहुत दूर छोड़ कर आऊंगा।"

सीख: इस कहानी से सीख मिलती है कि खराब संगति का असर बुरा होता है। इसलिए हमें बुरे लोगों की संगति से दूर रहना चाहिए।

27

कुछ और प्रेरक प्रसंग

शास्त्री की सादगी

लाल बहादुर शास्त्री जी अपनी सादगी और देशसेवा की भावना के लिए प्रसिद्ध थे। एक बार की बात है, तब शास्त्रीजी केंद्रीय मंत्री थे। उस समय के प्रधानमंत्री नेहरूजी उन्हें किसी जरूरी काम से कश्मीर भेजना चाहते थे।

लेकिन शास्त्रीजी ने उन्हें कहा कि किसी और को उनकी जगह भेज दिया जाय। नेहरूजी ने उनसे इसका कारण पूछा। उन्होंने बड़ी विनम्रता से उत्तर दिया कि इस समय कश्मीर में बड़ी सर्दी पड़ रही है।

मेरे पास गर्म कोट नहीं है। इसलिए आप किसी और को वहां भेज दें। नेहरू जी उनकी सादगी से बहुत प्रभावित हुए। उन्होंने बहुत आग्रह करके शास्त्री जी को अपना एक कोट दे दिया।

लेकिन चूंकि शास्त्रीजी छोटे कद के थे और नेहरूजी लंबे। इसलिए नेहरूजी का कोट शास्त्रीजी को फिट नहीं आया। इसलिए मजबूरी में शास्त्रीजी अपने एक मित्र को साथ लेकर नया कोट खरीदने बाजार गए।

वहां उन्होंने बहुत सी दुकानें देखी। लेकिन कोई कोट पसंद नहीं आया। अगर कोई पसंद आता तो वह बहुत महंगा होता और सस्ता कोट उन्हें फिट नहीं आता। अंत में एक दुकानदार ने उन्हें एक दर्जी का पता

दिया।

जो सस्ते कोट सिलता था। शास्त्रीजी ने एक सस्ता कपड़ा खरीदा और सिलने को दे दिया। वापसी में उनके मित्र ने पूछा, "आप केंद्रीय मंत्री हैं। अगर आप चाहें तो आपके पास कोटों की लाइन लग जाये।"

"फिर भी आप एक सस्ते कोट के लिए बाजार में मारे-मारे फिर रहे हैं।" शास्त्रीजी ने उत्तर दिया, " भाई मुझे इतना वेतन नहीं मिलता की मैं महंगा कोट पहन सकूं। मेरे लिए सभी सुख-सुविधाओं से बढ़कर देश सेवा है। जोकि मैं सस्ते कपड़ों में भी कर सकता हूँ।"

ऐसे थे जय जवान-जय किसान का नारा देने वाले लाल बहादुर शास्त्रीजी। यह प्रेरक प्रसंग उनकी सादगी और देशप्रेम को दिखाता है।

नियमनिष्ठ शास्त्रीजी

घटना उस समय की है। जब शास्त्रीजी गृहमंत्री थे। यह तो सब जानते हैं कि शास्त्रीजी बहुत सादगी पसंद और मितव्ययी थे। वे अपने और परिवार के ऊपर एक भी पैसा अनावश्यक नहीं खर्च करते थे।

नियमों का कड़ाई से पालन करना उनकी आदत थी। इतने महत्वपूर्ण पद पर होते हुए भी उन्होंने कभी भी अपने पद का दुरुपयोग नहीं किया। उनकी नियमनिष्ठा का एक प्रसंग इस प्रकार है।

उस समय वे इलाहाबाद में एक किराए के मकान में रहते थे। किसी कारणवश मकानमालिक को उस मकान की आवश्यकता पड़ी। उसने शास्त्रीजी से मकान खाली करने का अनुरोध किया। शास्त्रीजी तो सदैव खुद से अधिक दूसरों का ख्याल रखते थे।

उन्होंने तुरंत मकान खाली कर दिया। साथ ही दूसरे मकान के लिए आवेदन कर दिया। काफी समय बीत गया लेकिन शास्त्रीजी को मकान नहीं मिला। तब उनके किसी मित्र ने अधिकारियों से पूछताछ की।

तब अधिकारियों ने बताया कि शास्त्रीजी के शख्त निर्देश हैं कि नियमानुसार जिस नम्बर पर उनका आवेदनपत्र दर्ज है। उसी क्रम उनको मकान आवंटित किया जाय। किसी तरह का पक्षपात नहीं किया जाय।

शास्त्रीजी के पूर्व 176 लोगों के आवेदन होने कारण देश के तत्कालीन गृहमंत्री को लंबे समय तक मकान के लिए प्रतीक्षा करनी पड़ी। लेकिन उन्होंने किसी भी प्रकार की वरीयता या पद का दुरुपयोग अपने लिए नहीं किया।

अब्राहम लिंकन की विनम्रता

यह उन दिनों की बात है। जब अब्राहम लिंकन अमेरिका के बड़े नेता के रूप में प्रसिद्ध हो चुके थे। एक बार वे एक गांव में सभा करने गए। वे वहां भाषण दे रहे थे। वहीं सामने उनके गांव का एक परिचित किसान भी बैठा था। तभी उनके विचारों से प्रसन्न होकर वह किसान मंच पर पहुंचा।

उसने भाषण देते लिंकन के कंधे पर हाथ रखकर कहा, “अरे लिंकन! तू तो बड़ा होशियार हो गया है। तेरा भाषण सुनने के लिए बड़ी संख्या में दूर दूर से लोग आए हैं।”

उसे इस प्रकार बात करते और भाषण में व्यवधान उत्पन्न करते देख आयोजक बहुत नाराज हुए। लेकिन इससे पहले कि वे कुछ करते। लिंकन ने बड़े प्यार से उस किसान का हाथ पकड़ा और अपने लिए रखी कुर्सी पर उसे बैठाया।

उसके बाद उन्होंने उसका और परिवार का हल चाल पूछा। थोड़ी देर बात करने के बाद उन्होंने अपना भाषण फिर से प्रारम्भ किया।

यह प्रेरक प्रसंग उन लोगों के लिए एक नजीर है। जो कुछ बन जाने के बाद अपने परिवार और पुराने मित्रों का परिचय देने में शर्म महसूस करते हैं।

लिंकन की सत्यनिष्ठा

अमेरिकी राष्ट्रपति अब्राहम लिंकन बचपन में एक चाय की दुकान में नौकरी करते थे।

एक दिन उसी मोहल्ले की एक बुजुर्ग महिला उनकी दुकान पर चाय लेने आयी। दुकान पर भीड़ अधिक थी। उसने एक पाव चाय के पैसे दिए।

लेकिन जल्दबाजी में लिंकन ने उसे आधा पाव चाय ही दी।

महिला चाय लेकर चली गयी। शाम को हिसाब के समय लिंकन को जब इस गड़बड़ी का पता चला। तो वे टार्च लेकर रात के अंधेरे में उस महिला के घर चाय लेकर गए।

महिला के दरवाजा खोलने पर उन्होंने कहा, "माताजी! सुबह भीड़भाड़ में मैंने आपको कम चाय दे दी थी। वही पहुंचाने आया हूँ।" महिला बहुत प्रसन्न हुई।

उसने कहा, "तेरी सच्चाई और ईमानदारी से मैं बहुत खुश हुई। तुम एक दिन बहुत बड़े आदमी बनोगे। ईश्वर तुम्हें ईमानदारी और सच्चाई का फल जरूर देगा"

बूढ़ी महिला का आशीर्वाद सच हुआ। वे अमेरिका के राष्ट्रपति बने। यह प्रेरक प्रसंग ईमानदारी और सच्चाई के महत्व को प्रकाशित करता है।

चरित्र का बल

भौतिकशास्त्र के वैज्ञानिक और नोबेल पुरस्कार विजेता डॉक्टर सी0 वी0 रमन एक प्रख्यात वैज्ञानिक थे। एक बार अपने विभाग में काम करने के लिए उन्हें एक वैज्ञानिक की आवश्यकता थी।

इसके लिए कई वैज्ञानिकों के इंटरव्यू लिए गए। इंटरव्यू समाप्त होने के बाद डॉ0 रमन बाहर निकले। तब उन्होंने देखा कि एक व्यक्ति जिसको उन्होंने रिजेक्ट कर दिया था। वह कार्यालय के बाहर टहल रहा था।

यह देखकर डॉ0 रमन उससे पूछा, "जब तुम्हें रिजेक्ट कर दिया गया था। तो तुम यहाँ क्या कर रहे हो?" उसने बड़ी विनम्रता से जवाब दिया, "मुझे आने जाने के लिये आपके कार्यालय की ओर से जो पैसे मिले थे। शायद भूलवश ज्यादा दे दिए गए थे।"

वही वापस करने के लिए मैं क्लर्क ढूढ रहा हूँ। पैसे वापस करने के बाद मैं चला जाऊंगा।" डॉ0 रमन बोले, "अब तुम्हे जाने की आवश्यकता नहीं है। तुम्हें इस नौकरी के लिए सेलेक्ट किया जाता है।"

"क्योकि भौतिकी के ज्ञान की कमी को तो मैं पढ़ाकर दूर कर दूंगा। लेकिन एक ईमानदार चरित्र का निर्माण मैं कैसे करूंगा? तुम ईमानदार चरित्र के व्यक्ति हो। यही सबसे बड़ी योग्यता है।

विपरीत परिस्थितियों का सही उपयोग

जब गांधीजी अफ्रीका में थे। तब उन्हें अंग्रेज सरकार के कड़े दमन का सामना करना पड़ता था। अंग्रेज तानाशाह जनरल स्मट्स बार बार उन्हें जेल में डाल देता था। ताकि उनका मनोबल टूट सके।

एक बार उनका अपमान करने के लिए उन्हें एक मोची के साथ बन्द कर दिया गया। लेकिन गांधी जी ने इसका उपयोग अवसर की भांति किया। उन्होंने उस मोची से जूते बनाने सीखे।

तीन महीने बाद जब वे जेल से छूटे। तो उन्होंने जनरल स्मट्स को एक जोड़ी खुद के बनाये हुए जूते भेंट किये। जनरल इससे भौंचक्का रह गया।

कई वर्षों बाद उसने गांधीजी को भारत में पत्र भेज कर अपने व्यवहार के लिए क्षमा मांगी। पत्र में उसने लिखा कि आपके भेंट किये हुए जूते मैंने गर्मियों में पहने। हालांकि मैं उनके लिये योग्य व्यक्ति नहीं हूँ।" गांधीजी ने जबाब में लिखा कि मुझे आपसे कोई शिकायत नहीं है।

इस प्रेरक प्रसंग से यह शिक्षा मिलती है कि मनुष्य को विपरीत परिस्थितियों का भी अपने पक्ष में सही उपयोग करना चाहिये।

मुक्ति की सीढ़ी

एक बार एक नवयुवक स्वामी रामकृष्ण परमहंस के पास पहुंचा। उसने स्वामीजी के सामने पूरे भक्तिभाव से प्रार्थना की कि वे उसे अपना शिष्य बना लें। वह सब कुछ छोड़कर सन्यास ग्रहण करना चाहता था।

स्वामीजी ने बड़े प्रेम से उससे पूछा, " तुम्हारे परिवार में कौन कौन है?" उसने बताया कि उसके परिवार में केवल उसकी बूढ़ी मां है। स्वामीजी ने फिर पूछा, "तुम सन्यास क्यों लेना चाहते हो?"

उसने बताया, "मैं संसार की मोह माया से मुक्ति पाना चाहता हूँ।" तब स्वामीजी मुस्कुराते हुए बोले, "अपनी बूढ़ी मां को निःसहाय छोड़कर तुम किसी भी प्रकार मुक्ति नहीं पा सकोगे। जाओ अपनी मां की सेवा करो। वही तुम्हारी मुक्ति की सीढ़ी है।"

यह प्रेरक प्रसंग हमें सिखाता है कि मातृसेवा ही सबसे बड़ी सेवा है।

जहां चाह, वहां राह

लगभग 8 दशक पहले उत्तर प्रदेश के गोपामऊ नामक गाँव में एक बालक पैदा हुआ। दुखद बात यह थी कि उसके दोनों हाथ कलाई के पास से जुड़े हुए थे। जिसकी वजह से वह बालक अपने हाथों से कोई काम नहीं कर सकता था।

उसके माता-पिता बालक की स्थिति से दुखी थे। थोड़ा बड़े होने पर बालक ने पढ़ना चाहा। बालक की को हिंदी और संस्कृत का ज्ञान था। जबकि पिता को फ़ारसी आती थी।

उसने अपनी मां से हिंदी पढ़ी और रामचरितमानस की चौपाइयां गाने लगा। बालक लिखना चाहता था। लेकिन हाथों की स्थिति के कारण लिखना संभव नहीं था।

फिर एक दिन बहुत सुंदर घटना घटी। हुआ यूं कि उसके पिता एक दिन कुछ लिख रहे थे। बालक वहीं बैठा उन्हें ध्यान से देख रहा था। तभी उसके पिता के एक मित्र आ गए। उनसे मिलने के लिए उसके पिता उठ कर बाहर चले गए।

बालक ने किसी तरह हाथ की एक उंगली से कलम उठाकर उंगलियों के बीच में फंसा ली। फिर पेअर की सहायता से हाथों को घुमाकर लिखने लगा। उसके पिता ने एक पन्ने पर जो भी लिखा था। लड़के ने वह हूबहू उतार दिया।

पिता ने वापस आकर देखा तो उनकी खुशी का ठिकाना न रहा। उन्होंने उसे एक विद्यालय में भर्ती करा दिया। वह बालक पी0 एच0 डी0 करके इलाहाबाद विश्वविद्यालय में प्रोफेसर बना और बाद में विभागाध्यक्ष भी।

आगे चलकर यह बालक हिंदी के प्रसिद्ध विद्वान डॉ0 रघुवंश के नाम से विख्यात हुआ। यह प्रेरक प्रसंग हमें सिखाता है कि बाधाएं दृढ़प्रतिज्ञ मनुष्य की राह नहीं रोक सकतीं।

संकल्प की ताकत

लंदन के उपनगर था वालवर्थ। यह बस्ती निर्धनों और अशिक्षित लोगों की थी। यहां के निवासी आपराधिक कृत्यों के लिए बदनाम थे। इस बस्ती को सभ्य समाज में उपेक्षा की दृष्टि से देखा जाता था।

एक बार कैम्ब्रिज विश्वविद्यालय से पढ़कर एक लड़का यहां रहने आया। उसने यहां की दयनीय स्थिति को देखा और इसे बदलने का निश्चय किया। सबसे पहले उसने यहां के बच्चों को इकठ्ठा कर के पढ़ाना शुरू किया।

पढ़ाई के साथ साथ उसने उन्हें अच्छे संस्कार देना भी प्रारम्भ किया। बस्ती के लोगों उससे बड़े प्रभावित हुए। उन्होंने सोचा कि कोई तो है जो उनके बच्चों की परवाह करता है।

कुछ दिनों बाद उस युवक ने बड़े लोगों को भी रविवार के दिन कक्षा में आने के लिए मना लिया। वह उन्हें भी शिक्षा के साथ अच्छी बातें सिखाने लगा। सभी उसका बहुत आदर करने लगे।

फिर कुछ दिन बाद उसने बस्ती वालों से एक संकल्प लेने के लिए कहा। संकल्प यह था कि वे सप्ताह में एक दिन कोई अपराध नहीं करेंगे। एक दिन अपराधमुक्त जीवन जीकर बस्तीवालों को अच्छा लगा।

फिर उन्होंने स्वयं संकल्प लिया कि वे सप्ताह में चार दिन कोई अपराध नहीं करेंगे। धीरे धीरे बस्ती और बस्तीवालों की स्थिति सुधरने लगी। उन्होंने अच्छे काम शुरू किए और अपराधियों के लिए कुख्यात एक उपनगर सभ्य लोगों का शहर बन गया।

वह नवयुवक बाद में भारत आया और दीनबंधु एंड्रूज के नाम से प्रसिद्ध हुआ। यह प्रेरक प्रसंग हमें सिखाता है निरंतर प्रयास से कुछ भी संभव है।

आत्मविश्वास की शक्ति

जिम कार्बेट एक महान शिकारी थे। एक बार वे एक हैजे से पीड़ित मरणासन्न व्यक्ति को अपने घर ले गए। लोग कह रहे थे कि यह जीवित नहीं बचेगा। लेकिन कुछ दिनों बाद देखा गया कि वह व्यक्ति स्वस्थ हो गया।

आश्चर्यचकित लोगों ने जिम कार्बेट से पूछा कि किस औषधि से आपने उसे स्वस्थ किया? जिम ने लोगों को औषधियाँ लाकर दिखाई। दवाओं को देखकर लोगों ने कहा कि ये सब दवाइयाँ तो हमने भी अपने परिजनों को दी थी।

फिर भी हम उन्हें नहीं बचा सके। तब जिम कार्बेट ने जवाब दिया, "इसे मैंने एक और दवा दी थी जिसका नाम है आत्मविश्वास की औषधि। मैंने पहले ही दिन इसे बता दिया था।

तुम्हें दुनिया की कोई दवा नहीं बचा सकती। तुम्हें केवल तुम्हारा आत्मविश्वास ही बचा सकता है। अगर तुम ठान लो कि मुझे जीवित रहना है। तो तुम जीवित रहोगे। दवाओं के साथ साथ मैं इससे रोज यही बातें करता था। आत्मविश्वास के बल पर यह ठीक हो गया।"

इस प्रेरक प्रसंग से यह शिक्षा मिलती है कि आत्मविश्वास की शक्ति से कुछ भी किया जा सकता है।

उधार का रुतबा

एक बालक के विद्यालय में पिकनिक का प्रोग्राम बना। उसमें सभी बच्चों को अपने घर से कुछ कहने के लिए लाना था। बालक ने घर आकर अपनी माता से कुछ नाश्ते के लिए ले जाने की बात बताई।

मां ने देखा तो घर में केवल कुछ खजूर पड़े थे। लेकिन बालक को खजूर ले जाना अच्छा नहीं लगा। जब उसके पिता घर आये तो माँ ने उन्हें सारी बात बताई। लेकिन उनकी जेब में भी पैसे नहीं थे।

किंतु वे बालक को निराश नहीं करना चाहते थे। इसलिए उन्होंने पड़ोसी से कुछ पैसे मांगने की सोची। जब वे पैसे मांगने जाने लगे।

तो बालक ने मना कर दिया। उसने कहा, “पिताजी! पिकनिक में जाना जरूरी नहीं। अगर जाना भी होगा तो मैं उधार के पैसों से कुछ ले जाने के बजाय खजूर ले जाना पसंद करूंगा।

उधार लेकर दिखावा करना ठीक नहीं है। हमेशा अपनी वास्तविक स्थिति के अनुसार ही व्यवहार करना चाहिए। यही बालक आगे चलकर लाला लाजपतराय के नाम से प्रसिद्ध हुआ।

यह प्रेरक प्रसंग आज के समय के लिए अत्यंत प्रासंगिक है। जब लोग दिखावे के जीवन जीने के चक्कर में कर्जदार हुए जा रहे हैं।

सीखने की धुन

1947 के लगभग की घटना है। न्यूयॉर्क की एक विज्ञापन एजेंसी में एक युवक कार्य करता था। जिसका नाम लेस्टर वंडरमैन था। वह बहुत जिज्ञासु स्वभाव का था। वह बड़ी बारीकी से चीजों का अवलोकन करता और सीखता था।

एक बार एजेंसी के मालिक मिस्टर सैकहीम को लगा कि एजेंसी में जरूरत से कुछ कर्मचारी अधिक है। इसलिए कुछ कर्मचारियों की छंटनी कर देनी चाहिए। जिससे कम्पनी कुछ खर्च बच जाएगा।

उन्होंने कई कर्मचारी हटा दिए। वंडरमैन भी उनमें से एक था। लेकिन उसे तो सीखने की धुन थी। अतः वह निराश नहीं हुआ। निकाले जाने के बावजूद वह प्रतिदिन समय से आता और पूरी मेहनत और लगन से काम करता।

जब साथी कर्मचारी कहते कि तुम्हें निकल दिया गया है। तुम बेकार मेहनत करते हो। तुम्हें वेतन भी नहीं मिलेगा। तब वह जवाब देता, “मुझे लगता है कि मैं यहां बहुत कुछ सीख सकता हूँ।”

एजेंसी के मालिक मिस्टर सैकहीम उसको देखकर भी नजरअंदाज कर देते थे। एक महीने से अधिक बीत गए। वंडरमैन बिना वेतन के काम करता रहा।

आखिरकार एक दिन मिस्टर सैकहीम उसके पास आकर बोले, “तुम जीत गए। मैंने अपने जीवन में पहला व्यक्ति देखा है। जो वेतन से

ज्यादा काम से प्यार करता है। अब तुम यहाँ के नियमित कर्मचारी हो। तुम्हे पिछला वेतन भी मिलेगा।

वंडरमैन ने वहां कई वर्षों तक पूरी लगन और ईमानदारी से काम सीखा। उसके बाद उसने अपनी एजेंसी खोली और अपने अलग तरीके और विज्ञापन की समझ से दुनिया में छा गया। आज लेस्टर वंडरमैन को डायरेक्ट मार्केटिंग के जनक के रूप में याद किया जाता है।

सच्चा अपराध

न्यूयॉर्क शहर के मेयर ला गार्डियाको अपने प्रबंधन कौशल और दयालुता के लिए प्रसिद्ध थे। उनके समय में न्यूयॉर्क शहर बहुत फला- फूला। वे पुलिस के मुकदमों में गहरी रुचि रखते थे।

वे प्रायः मुकदमों की अध्यक्षता स्वयं करते थे। क्योंकि उनसे शहर की वास्तविक स्थिति पता चलती थी। एक बार उनके सामने एक अपराधी को पेश किया गया। जिसने एक रोटी चुराई थी।

जब उससे सफाई देने को कहा गया तो उसने केवल इतना कहा, "मेरे बच्चे और मेरा परिवार दो दिन से भूखा था। इसलिए मैंने रोटी चुराई। उसका जवाब सुनकर मेयर गम्भीर हो गए।

उन्होंने फैसला सुनाया, "क्योंकि तुमने चोरी की है। इसलिए मैं तुमपर 10 डॉलर का जुर्माना लगाता हूँ।" इसके बाद अपनी जेब से 10 डॉलर निकालकर उन्होंने कहा, "ये रहा तुम्हारा जुर्माना।"

इसके बाद उन्होंने अदालत में उपस्थित लोगों को सम्बोधित करते हुए कहा, "साथ ही मैं इस अदालत में उपस्थित हर व्यक्ति पर आधा सेंट का जुर्माना लगाता हूँ। क्योंकि आप ऐसे समाज में रहने का अपराध करते हैं। जहां एक मजबूर व्यक्ति को रोटी चुरानी पड़ती है।"

बुरी संगति का फल

जंगल में एक सुंदर स्वच्छ जल का तालाब था। उसके किनारे एक बरगद का विशाल वृक्ष था। उस पर एक कौवा रहता था। नीचे तालाब में एक हंस

रहता था। हंस स्वभावतः सदाचारी और परोपकारी था।

एक दिन कौवे ने सोचा कि हंस यहां साथ ही रहता है, क्यों न इससे मित्रता कर ली जाय। यह सोचकर उसने हंस से मित्रता का प्रस्ताव रखा। स्वभाव से भोले हंस ने उसकी मित्रता स्वीकार कर ली।

यद्यपि नीति कहती है कि अपने से विपरीत स्वभाव वालों से मित्रता नहीं करनी चाहिए। उसका परिणाम बुरा होता है। तथापि दोनों की मित्रता गाढ़ी हो चली थी। हंस तालाब से निकलकर पेड़ पर आ जाता और कौवे से बातें करता।

इस तरह कई महीने बीत गये। हंस को भी कौवे का साथ अच्छा लगने लगा। एक दिन एक राहगीर सैनिक दोपहर में उस पेड़ के नीचे आकर रुका। अच्छी छाया और तालाब के कारण ठंडी जगह उसे बहुत पसंद आई। उसने वहीं साथ लाया हुआ भोजन किया और पेड़ की छाया में आराम करने लगा।

दोपहर के सूरज की सीधी किरणें उसके चेहरे पर पड़ रहीं थीं। यह देखकर पेड़ पर बैठे परोपकारी हंस ने अपने पंख फैलाकर छाया कर दी। जिससे सैनिक के चेहरे पर धूप न पड़े। लेकिन दुष्ट स्वभाव के कौवे को यह बात पसंद नहीं आयी।

उसने राहगीर सैनिक के चेहरे पर बीट कर दी और उड़ गया। सैनिक बड़ा गुस्सा आया उसने ऊपर देखा तो उसे हंस नजर आया। उसने सोचा कि इसी हंस ने मुझपर बीट की है। सैनिक ने क्रोध में अपना धनुष उठाया और बाण चला दिया।

बाण सीधा हंस को लगा और वह निष्प्राण होकर जमीन पर गिर पड़ा। परोपकार करते हुए भी बुरी संगति के कारण हंस को यह परिणाम भोगना पड़ा।

बल से बड़ी बुद्धि

नन्दनवन के विशाल वन में एक मनोरम सरोवर था। जिसमें कमल, कुमुदिनी और अन्य सुंदर पुष्प विद्यमान थे। सरोवर के किनारे हरी, कोमल घास का मैदान था। जिसमें अनेक खरगोश रहते थे और हरी,

सुकोमल घास खाकर आनंदपूर्वक जीवन व्यतीत करते थे।

उन खरगोशों का राजा विजय बहुत ही बुद्धिमान एवं वाक्पटु था। आस पास के जीव- जंतुओं की समस्याओं एवं झगड़ों का निपटारा वह अपनी बुद्धि और वाक्पटुता से अनायास ही कर देता था।

एक दिन हाथियों का एक समूह उस सरोवर पर जल पीने आया। मदमस्त हाथियों की जलक्रीड़ा से सरोवर का जल गन्दा हो गया। साथ ही अनेक कमल पुष्प भी नष्ट हो गए। उनके घास के मैदान में टहलने से अनेक खरगोशों के बिल नष्ट हो गए।

जिनमें दबकर कई खरगोश मर गए। कुछ ने भागकर इसकी खबर राजा विजय को दी। विजय ने सोचा कि हाथियों से बलपूर्वक निपटना सम्भव नहीं है। इनसे बुद्धिचातुर्य से ही निपटा जा सकता है।

यह सोचकर वह हाथियों के समूह के सरदार के पास गया और बोला, “हम सब एक ही जंगल में रहते हैं। इस नाते हम मित्र हुए और कोई भी मित्र अपने मित्र का बुरा नहीं चाहता। इस कारण से मैं तुम्हे एक बात बताना चाहता हूँ।”

“यह सरोवर चंद्र देव का है। वह रात्रि में यहां विश्राम करने आते हैं। तुमने उनके सरोवर का जल गन्दा कर दिया है और कमलपुष्पों को नष्ट कर दिया है। इससे वे बहुत नाराज हैं और तुम्हें दंड देने चाहते हैं।”

यह सुनकर हाथियों का सरदार भयभीत हो गया। उसने कहा कि अगर तुम मेरे सच्चे मित्र हो तो चन्द्र देव के दंड से बचने का उपाय बताओ।

तब विजय बोला, “इसका तो एक ही उपाय है जब आज रात चंद्र देव आएं तो तुम उनसे क्षमा मांगो और इस जंगल को सदैव के लिए छोड़ दो। तभी तुम और तुम्हारे साथी दंड से बच सकते हो।”

सरदार बोला, “ठीक है, मैं ऐसा ही करूंगा।” रात में जब चन्द्रमा का प्रतिबिंब सरोवर के जम में दिखाई देने लगा तब खरोगोश विजय हाथियों के सरदार को सरोवर के किनारे ले गया और बोला, “देखो, चन्द्र देव आ गए हैं। क्रोध के कारण उनका आकार भी टेढ़ा हो गया है।”

“तुम जल्दी से क्षमा मांग लो और अपने साथियों के साथ यह जंगल छोड़ दो। अन्यथा तुम्हें चंद्र देव के क्रोध का भागी बनना पड़ेगा।”

हाथियों के सरदार ने तुरंत घुटने टेककर क्षमा मांगी और ऍन्ड साथी हाथियों के साथ जंगल से चला गया। इस तरह उस बुद्धिमान खरगोश ने बलशाली हाथियों से छुटकारा पा लिया।

28

नीम करोली बाबा की कहानी

नीम करोली बाबा की कहानी पढ़कर आप चमत्कृत हुए बिना नहीं रह सकते। लेकिन भारत भूमि हमेशा से ही चमत्कारी संतों और महापुरुषों की भूमि रही है। नीम करोली बाबा ऐसे ही एक चमत्कारी सिद्ध संत थे। जिनके भक्त भारत से ज्यादा अमेरिका और अन्य यूरोपीय देशों में हैं। यहां तक कि आईफोन बनाने वाली कम्पनी के मालिक स्टीव जॉब्स और फेसबुक के संस्थापकमार्क जुकरबर्ग ने भी नीम करोली बाबा से प्रेरणा और मार्गदर्शन प्राप्त किया था। हालीवुड की प्रसिद्ध अभिनेत्री जूलिया रॉबर्ट्स तो महाराजजी से इतना प्रभावित हुई कि उन्होंने हिन्दू धर्म ही अपना लिया।

नीम करोली बाबा इतने सरल और आडम्बर रहित थे कि प्रथम बार देखकर कोई उनकी दिव्यता का अंदाजा नहीं लगा सकता था। वे उच्च कोटि के सिद्ध संत और हनुमान भक्त थे। उनके अनुयायी तो उन्हें हनुमान जी का अवतार भी कहते हैं। तुलसीदास के बाद वे पहले ऐसे संत थे जिन्हें हनुमान जी के साक्षात दर्शन हुए थे। उनके बारे में कई महान विभूतियों के विचार निम्नवत थे –

देवरहा बाबा के अनुसार - *“नीम करोली जैसे संत कई युगों में धरती पर आते हैं। मरे व्यक्ति को प्राण लौटाने की शक्ति नीम करोली जैसे संत*

के पास ही है।"

करपात्री महाराज के अनुसार - *"संत तो कई हुए लेकिन सिद्ध संत नीम करौली बाबा ही हुए।"*

शिवानंद आश्रम ऋषिकेश के अध्यक्ष स्वामी चिदानंद के अनुसार - *"महाराज जी पावर ऑफ पावर्स और लाइट ऑफ लाइट्स थे।"*

प्रारम्भिक जीवन:

महाराज जी का जन्म सन 1900 ई0 के लगभग फिरोजाबाद जिले के अकबरपुर ग्राम में हुआ था। इनका वास्तविक नाम लक्ष्मीनारायण शर्मा था। इनके पिता का नामश्री दुर्गाप्रसाद शर्माथा। इनकी प्रारंभिक शिक्षा किरहीनं ग्राम में हुई। 11 वर्ष की अल्पायु में ही इनकाका विवाह एक सम्पन्न ब्राम्हण परिवार की कन्या से हो गया था। लेकिन विवाह के कुछ समय बाद ही इन्होंने घर छोड़ दिया।

सन्यासी जीवन का प्रारंभ:

घर छोड़ने के बाद बाबा गुजरात चले गए। वहां पहले एक वैष्णव मठ में दीक्षा लेकर साधना की। उसके बाद अन्य कई स्थानों पर साधना की। 17 वर्ष की आयु में ही इन्हें ईश्वर के दर्शन और ज्ञान प्राप्त हो गया था। लगभग 9 वर्षों तक गुजरात में साधना करने के बाद महाराजजी भ्रमण पर निकले और वापस फिरोजाबाद के *नीम करोली* नामक गाँव में रुके। यहीं जमीन में गुफा बनाकर पुनः साधनारत हुए। यहां उन्होंने गोबर की बनी एक हनुमान प्रतिमा की भी स्थापना की। जोकि अब बहुत प्रसिद्ध है। उसपर सिंदूर चढ़ाने से हर मनोकामना पूर्ण होती है। यहां उनकी ख्याति दिन पर दिन बढ़ने लगी।

नीम करोली बाबा का गृहस्थ आश्रम में पुनः प्रवेश:

किसी परिचित व्यक्ति के द्वारा बाबा के पिता को इनके निवास स्थान का पता चला तो उन्होंने वहां पहुचकर बाबा को गृहस्थ आश्रम का पालन करने की आज्ञा दी। वेचुपचाप पिता की आज्ञा मानकर पुनः गृहस्थ आश्रम में प्रविष्ट हुए। गृहस्थ आश्रम मेंबाबा को दो पुत्र और एक पुत्री की प्राप्ति हुई। जिनके नाम क्रमशः अनेग सिंह शर्मा, धर्म नारायण शर्मा और बेटी गिरजा हैं। गृहस्थ आश्रम के दौरान बाबा सामाजिक और धार्मिक कार्यों में बढ़ चढ़ कर हिस्सा लेते थे। लेकिन मन से सन्यासी नीम करोली बाबा का मन ज्यादा दिन गृहस्थ आश्रम में नहीं लगा। सन 1958 के लगभग महाराजजी ने पुनः घर त्याग दिया। और बहुत से स्थानों का भ्रमण करते हुएकैंची ग्राम पहुंचे।

कैंची धाम:

सन 1962 में बाबा भ्रमण करते हुए नैनीताल से 20 किलोमीटर दूर पंतनगर में स्थित कैंची नामक ग्राममें पहुंचे। यहां सड़क पर दो कैंची की तरह तीखे मोड़ होने के कारण इसका नाम कैंची पड़ा। यह स्थान सुरम्य पहाड़ी वादियों और देवदार के विशाल और घने वृक्षों के बीच में स्थित है। यह स्थान *महाराजजी* को इतना पसंद आया कि उन्होंने यहां आश्रम स्थापना का संकल्प कर लिया।

15 जून सन 1964 को यहां एक भव्य*आश्रम* की स्थापना हुई। तब से प्रतिवर्ष यह 15 जून को स्थापना दिवस मनाया जाता है। जिसमें एक भव्य मेले और भंडारे का आयोजन बाबा के समय से अनवरत चल रहा है। इस दिन यहां अपार भीड़ होती है। यहां देवी देवताओं के पांच विशाल मंदिर हैं। जिनके एक हनुमान जी का भव्य मंदिर भी है। आज भी मान्यता है कि यहां आने वाला कोई भी भक्त कभी खाली हाथ नहीं जाता।

फेसबुक के मालिक मार्क जुकरबर्ग, एप्पल के मालिक स्टीव जॉब्स, हॉलीवुड अभिनेत्री जूलिया रॉबर्ट्स यहां से आशीर्वाद प्राप्त कर के ही सफलता के आकाश में पहुँच गए। यहां आने वाले भक्तों में विदेशी खासकर अमेरिकी लोगों की संख्या सर्वाधिक होती है। वैसे तो बाबा के

आश्रम कई स्थानों पर स्थापित हो चुके थे। लेकिन नीम करोली बाबा को कैंची धाम सर्वाधिक प्रिय था। अपना अधिकतर समय उन्होंने ***कैंची धाम*** में ही व्यतीत किया।

देह त्याग:

महाराज जी ने अपने देह त्याग के संकेत पहले ही दे दिए थे। वे एक कॉपी में प्रतिदिन राम नाम लिखते थे। मृत्यु के कुछ दिन पूर्व उन्होंने वह कॉपी आश्रम की प्रमुख श्रीमाँ को दे दी और कहा अब इसमें तुम राम नाम लिखना।

9 सितंबर सन 1973 को बाबा कैंची धाम से आगरा के लिए निकले। रास्ते में उन्होंने अपना प्रिय थर्मस ट्रेन से बाहर फेंक दिया। गंगाजली रिक्शेवाले को यह कहकर दे दी कि किसी चीज का मोह नहीं करना चाहिए। 10 सितंबर 1973 को मथुरा स्टेशन पर पंहुचते ही महाराज जी बेहोश हो गए। उन्हें तुरंत रामकृष्ण मिशन अस्पताल ले जाया गया। वही उन्होंने 10 सितंबर 1973 अनन्त चतुर्दशी की रात्रि में इस नश्वर शरीर को त्याग दिया।

महाराज जी का व्यक्तित्व:

नीम करोली बाबाबहुत ही साधारण तरीके से रहते थे। तिलक, माला आदि भी नहीं धारण करते थे। हमेशा एक कम्बल ओढ़े रहते थे। वेशभूषा और बोलचाल से कोई अंदाज नहीं लगा सकता था कि वे एक सिद्धपुरुष हैं। स्वभाव से वे बड़े ही हंसमुख थे। अपने अनुयायियों से हंसी मजाक करते रहते थे। वे लोगों को अपने पैर छूने से मना करते थे। बाबा जी कहते, " मैं कुछ नहीं हूँ। पैर छूने हैं तो हनुमानजी के छुओ।" इतने सरल

थे कि पैर छूने की कोशिश करने वालों को अपने आस पास बैठे किसी भी व्यक्ति की पैर छूने को कह देते थे।

बाबा के कृतित्वः

बाबा ने अपने जीवनकाल में 12 मंदिरों का निर्माण कराया और उनके भक्तों ने उनके बाद 9 प्रमुख मंदिरों का निर्माण कराया। इनमें लखनऊ, चेन्नई, नीम करोली, कैंची धाम, वृन्दावन के मंदिर प्रमुख हैं। जब *बाबा नीम करोली* कोई मंदिर बनवाने का संकल्प लेते थे तो पता नहीं कहाँ से दान देने वालों की भीड़ उमड़ पड़ती थी और भव्य मंदिर का निर्माण हो जाता था। मंदिर निर्माण के बाद बाबा उन्हें ट्रस्ट को सौंप देते थे।फिर उनसे मतलब नहीं रखते थे। बाबाजीने सामाजिक सहयोग में भी बढ़ चढ़ कर हिस्सा लिया था। वे प्रायः भंडारों का आयोजन करते थे। वे सेवा को ही सबसे बड़ा धर्म कार्य मानते थे। ऐसी है ***नीम करौली बाबा की कहानी*** ।

नीम करौली बाबा के अनुयायीः

बाबा के अनुयायी भारत में ही नहीं वरन अमेरिका और यूरोपीय देशों में भी हैं। वैसे तो उनकी लिस्ट बहुत लंबी है। परंतु कुछ प्रमुख नाम इस प्रकार हैं- पं जवाहर लाल नेहरू, पूर्व राष्ट्रपति वी0 वी0 गिरि, बिड़ला समूह के जुगुल किशोर बिड़ला, उत्तर प्रदेश के प्रथम मुख्यमंत्री पं0 गोविंद बल्लभ पंत, डॉ0 सम्पूर्णानन्द, पूर्व उपराष्ट्रपति गोपाल स्वरूप पाठक, राज्यपाल रहे के0 एम0 मुंशी, राजा भदरी, महाकवि सुमित्रा नंदन पंत, अंग्रेज जनरल मकन्ना आदि।

बाबा और स्टीव जॉब्सः

प्रमुख विदेशी अनुयायियों में एप्पल कंपनी के फाउंडर स्टीव जॉब्स जब अपनी असफलताओं के कारण डिप्रेशन में आ गए थे और उन्हें कोई रास्ता नहीं सूझ रहा था। तो अपने एक मित्र की सलाह पर वे कैंची धाम

आये।

हालांकि बाबा पहले ही समाधि ले चुके थे। लेकिन बाबा की मूर्ति के सामने बैठकर उन्हें जो प्रेरणा मिली। उसने उन्हें विश्व के सबसे लोकप्रिय और प्रीमियम आईफोन का आविष्कारक बना दिया। जिसे खरीदने के लिए अमीर लोग लाइन में लगते हैं।

इसी प्रकार एक बार जब फेसबुक अपने बुरे दौर में गुजर रही थी। इसके मालिक मार्क जुकरबर्ग फेसबुक को बेचने का फैसला कर चुके थे। लेकिन किसी ठोस निर्णय पर नहीं पहुंच पा रहे थे। तब स्टीव जॉब्स की सलाह पर वे भी कैंची धाम आये और दो दिन रुके थे। यहां से लौटने बाद जो हुआ वह इतिहास है। सब जानते हैं कि फेसबुक आज विश्व का सबसे बड़ा सोशल मीडिया प्लेटफार्म है।

हॉलीवुड अभिनेत्री जूलिया रॉबर्ट्स ने बाबा को स्वप्न में देखा और उनसे इतना प्रभावित हुईं की हिन्दू धर्म स्वीकार कर लिया। आप उन्हें हिन्दू रीति रिवाजों यथा मंगलसूत्र, सिंदूर और पूजा पाठ करते देख सकते हैं।

बाबा नीम करौली के विचार एवं 10 शिक्षाएं (वचन)

1- गुरु कोई भी हो सकता है। एक पागल या एक साधारण व्यक्ति भी। लेकिन जब आप उसे गुरु मान लें तो फिर वह भगवान से भी बड़ा है।

2- सभी धर्म समान हैं। सभी एक ही ईश्वर की ओर ले जाते हैं। ईश्वर सब जगह है।

3- पूरा ब्रम्हांड हमारा घर है। इसमें रहने वाले सभी जीव हमारा परिवार हैं। ईश्वर को किसी विशेष रूप में नहीं बल्कि सभी चीजों में देखो।

4- वासना, लालच, क्रोध और मोह ये सब नरक की ओर ले जाते हैं।

5- भगवान की सबसे अच्छी सेवा हर क्षण उनका ध्यान करना है।

6- यह संसार एक भ्रम है। फिर भी आप इसके लिए परेशान है। क्योंकि आप इसके मोह में बंधे हुए हैं।

7- उदासी, दुख, दर्द, बीमारी और किसी के अंतिम संस्कार के समय आप जीवन की कई सच्चाइयां सीखते हैं।

8- सभी सांसारिक चीजों को अपने दिमाग से निकाल दो। अगर आप अपने दिमाग को कंट्रोल नहीं कर सकते तो आप ईश्वर को कैसे महसूस करोगे।

9- अगर आप सबसे प्रेम नहीं कर सकते तो आप अपना लक्ष्य प्राप्त नहीं कर सकते।

10- सबसे प्रेम करो, सबकी सेवा करो, ईश्वर को कभी मत भूलो और सदा सत्य बोलो।

महाराज जी के चमत्कारः

बाबा हमेशा लोगों से घिरे रहते थे।।लोग अपनी समस्याएं लेकर बाबा के पास आते थे और बाबा उन्हें दूर करके उन्हें संतुष्ट कर देते थे। एक बार किसी संत ने बाबासे कहा कि आप इन सांसारिक लोगों को इतना महत्व क्यों देते हैं ? तब बाबा ने बहुत ही सुंदर उत्तर दिया था। उन्होंने कहा,"डॉक्टर के पास रोगी ही आते हैं, स्वस्थ व्यक्ति नहीं।"

बाबा एक सिद्ध संत थे। कहीं भी प्रकट हो जाना, गायब हो जाना, रूप बदल लेना, मन की बात जान लेना, भूत, भविष्य की घटनाओं का सटीक वर्णन कर देना आदि अनेक चमत्कारी कार्य वे अनायास ही कर देते थे।

वैसे तो उनके चमत्कारों के अनेकों किस्से हैं। सबका वर्णन सम्भव नहीं है तथापि कुछ जिनका प्रमाण मौजूद है उनका वर्णन यहां किया जा रहा है.

नीम करोली बाबा की लीला:

नीम करोली नाम कैसे पड़ा ?:

गृह त्याग के बाद भ्रमण के दौरान एक बार महाराजजी एक स्टेशन से बिना टिकट ट्रेन पर चढ़े और सीधे प्रथम श्रेणी के डिब्बे में बैठ गए। थोड़ी देर बाद एक अंग्रेज टीटी टिकट चेक करने आया। एक जटाजूटधारी अस्तव्यस्त साधू को बिना टिकट प्रथम श्रेणी में बैठा देखकर वह आगबबूला हो गया।

अगले स्टेशन पर उसने उस साधू को जबरन उतार दिया। साधू वहीं अपना चिमटा गाड़कर बैठ गया। उसके बाद ड्राइवर के लाख प्रयास के बाद भी ट्रेन आगे नहीं बढ़ी। अंग्रेज अधिकारी आये। इंजन में कोई खराबी नहीं निकली। पूछताछ में यात्रियों ने बताया कि टीटी ने एक साधू को ट्रेन से उतार दिया था।

उसके बाद ट्रेन नहीं चली। साधू को ढूंढा गया तो वह थोड़ी दूर पर बैठा मिला। अधिकारियों ने साधू से क्षमा मांगकर उसे फिर से ट्रेन में बैठने के लिए कहा। साधू ने मना कर दिया। फिर यात्रियों के अनुरोध करने पर साधू ट्रेन में बैठा। साधू के बैठते ही ट्रेन चल पड़ी।

वह साधु बाबा लक्ष्मणदास यानी नीम करोली महाराज थे। जिस जगह ट्रेन रुकी थी। उसका नामनीम करोली था। इसी घटना के बाद वे ***नीम करोली बाबा*** के नाम से प्रसिद्ध हुए।

बाबा रामदास की कथा:

एक अंग्रेज मनोवैज्ञानिक रिचर्ड एलपर्ट अपनी समस्याओं के कारण डिप्रेसन का शिकार हो गए और नशे के आदी हो गए। घूमते फिरते एक

बार वे कैंची धाम पहुंचे। वहां बाबा का मजाक उड़ाने के लिए उन्होंने बाबा को एलएसडी की नशे की 2 गोलियां देकर कहा, "बाबा! इन्हें खाकर देखो, इनसे स्वर्ग का रास्ता खुल जाता है।"

बाबा ने उससे पूछा, " तुम्हारे पास ऐसी कितनी गोलियां हैं?" उसने बीस गोलियां निकालकर बाबा के हाथ में दे दीं। बाबा एक बार में सारी गोलियां खा गए। और शांत भाव से अपना काम करते रहे।

यहां यह बता देना आवश्यक है कि एलएसडी एक अंत्यंत नशीला पदार्थ है जिसकी अधिक मात्रा लेने से मृत्यु भी हो सकती है। **बाबा** ने तो बीस गोलियां एक साथ ही खा ली थी।

अंग्रेज आश्चर्यचकित बैठा बाबा के मरने का इंतजार कर रहा था। लेकिन कई घंटे बीत जाने के बाद भी जब बाबा पर कोई असर नहीं हुआ। तो वह हाथ जोड़कर महाराजजी के आगे नतमस्तक हो गया। ऐसे ही अनेक चमत्कारों से भरी है **नीम करोली बाबा की कहानी।**

महाराज जी ने उससे कहा कि तुम इन बेकार की चीजों में अपना जीवन क्यों नष्ट कर रहे हो? इन सांसारिक कष्टों से क्यों भयभीत हो? बाबा के परमज्ञान युक्त वचनों से रिचर्ड एलपर्ट की आंखें खुल गईं। उसने अपना जीवन बाबा की सेवा और आध्यात्मिक उन्नति के लिए समर्पित कर दिया।

महाराज जी ने उसे बाबा रामदास नाम दिया। रामदास बाबा अमेरिका में बहुत बड़े आध्यात्मिक गुरु और मार्गदर्शक के रूप में विख्यात हुए। उन्होंने *नीम करौली बाबा* के जीवन और चमत्कारों पर अंग्रेजी में एक पुस्तक लिखी जिसका नाम **"मिरेकल ऑफ लव"** है।

रामदास बाबा का स्वर्गवास 22 दिसंबर सन 2019 को अमेरिका के हवाई में हुआ था।

<u>बुलेटप्रूफ कम्बल का चमत्कार:</u>

एक बार ***बाबा नीम करोली***फतेहगढ़ में रहने वाले अपने भक्त एक बुजुर्ग दंपति के घर अचानक पहुंचे। बाबा ने कहा आज वे उनके यहां ही रुकेंगे। दंपति बहुत खुश हुए। जो भी सर्वश्रेष्ठ घर में उपलब्ध था। वह महाराज जी की सेवा में प्रस्तुत किया।

खा पीकर बाबा कम्बल ओढ़कर सो गए। बुजुर्ग दंपति भी सोने वाले थे कि उन्होंने बाबा के कराहने की आवाज सुनी। आवाज सुनकर वे आकर बाबा के तख्त के पास बैठ गए। बाबा को वे जगा भी नहीं सकते थे। क्योंकि**बाबाजी** ने किसी भी परिस्थिति में उन्हें जगाने से मना किया था।

पूरी रात बाबा इस तरह कराहते रहे। जैसे कोई उन्हें मार रहा हो। सुबह महाराजजी उठे और अपना कम्बल लपेटकर बुजुर्ग को देते हुए कहा कि इसे नदी में फेंक आओ और इसे खोलकर कदापि मत देखना। बुजुर्ग दंपति कम्बल लेकर चले तो वह भारी लगा और उसमें लोहे की चीजों की खनखनाहट की आवाज आ रही थी।

उन्होंने सोचा कि बाबा ने तो खाली कम्बल दिया था फिर इसमें लोहा कहाँ से आ गया? लेकिन जिज्ञासा के बावजूद उन्होंने कम्बल बिना खोले नदी में प्रवाहित कर दिया। जाने से पहले बाबा ने कहा कि परेशान मत होना। एक माह बाद तुम्हारा बेटा वापस आ जायेगा।

उन बुजुर्ग दंपति का इकलौता बेटा ब्रिटिश सेना में था। द्वितीय विश्वयुद्ध में वह बर्मा फ्रंट पर तैनात था। एक माह बाद जब उनका बेटा वापस आया तो उसने जो कहानी सुनाई वह अविश्वसनीय थी।

उसने बताया कि एक रात सेना की उनकी टुकड़ी जापानी सेना से चारों ओर से घिर गई थी। भीषण गोलीबारी हुई। जिसमें उसके सारे साथी मारे गए। रात भर गोलियां चलती रहीं। लेकिन उसे एक भी गोली नहीं लगी।

ऐसा महसूस हो रहा था जैसे किसी ने उसके सामने कोई अदृश्य दीवार खड़ी कर दी थी। जिसके पार कोई गोली नहीं आ पाई। सुबह जब ब्रिटिश सेना की और टुकड़ियां आ गयी। तब वह वह सुरक्षित निकल पाया।

यह उसी रात की बात थी जब बाबा उनके घर आये थे। अब उन्हें बाबा के रात भर कराहने मतलब समझ आया। बाबा रात भर उनके बेटे की रक्षा कर रहे थे। उसे लगने वाली गोलियां वे स्वयं झेल रहे थे। इस घटना का वर्णन बाबा रामदास ने मिरेकल ऑफ लव पुस्तक में किया है।

महिला के प्राण वापस लाये:

प्यारेलाल गुप्ता बरेली ने बताया था कि एक बार मेरी पत्नी की तबियत बहुत खराब हो गयी। बचने आशा नहीं थी। मेरे पास बाबा के स्मरण के अलावा कोई दूसरा विकल्प नहीं बचा था। तभी किसी से पता चला कि नीम करौली बाबा बरेली में डॉक्टर भंडारी के घर आये हैं।

मैं भागकर वहां पहुंचा, लेकिन तब तक बाबा कहीं और जा चुके थे। दिन भर ढूंढने के बाद भी बाबा का कहीं पता नहीं चला। मैं निराश होकर एक पेड़ के नीचे बैठकर दुखी मन से बाबा का ध्यान कर रहा था। तभी एक व्यक्ति ने आकर मुझे बताया कि जिन बाबाजी को तुम ढूंढ रहे हो। वे कमिश्नर लाल के घर पर हैं।

मैं भाग कर वहां पहुंचा। लेकिन चपरासी ने मुझे अंदर जाने नहीं दिया। मैं बाहर ही खड़ा होकर बाबा से मन ही मन दीनतापूर्वक प्रार्थना करने लगा। थोड़ी देर बाद बाबा अचानक बाहर निकल आये। सीधे मेरे पास आकर बोले, "रिक्शा ला, तेरे घर चलते हैं।"

बाबा ने कमिश्नर साहब की गाड़ी में बैठने से मना कर दिया। मेरे साथ रिक्शे से मेरे घर पहुंचे। वे सीधे मेरी पत्नी के पलंग के पास जाकर कुर्सी पर बैठ गए और अपने पैर ऊपर पलंग पर रख दिये।

मेरी पत्नी ने बड़ी कठिनाई से किसी तरह अपना सिर बाबा के चरणों में रख दिया। ऐसा करते ही उसकी नब्ज छूट गयी। घर में रोना पीटना शुरू हो गया। लेकिन बाबा जोर से चिल्ला कर बोले, "नहीं, नहीं, मरी नहीं है। आनन्द में है।"

ऐसा कहकर बाबा ने मेरी पत्नी के गाल पर हल्की सी चपत मारी और वह होश में आ गयी। रात 10:30 बजे बाबा ने हिमालया कम्बल मांग कर ओढ़ा और अपना कम्बल मेरी पत्नी के ऊपर डाल कर चले गए।

दूसरे दिन बाबा फिर आये। उनके चरण छूते ही पत्नी के प्राण फिर निकल गए। बाबा के हाथ लगाते ही वह फिर जीवित हो गयी। बाबा ने कहा, " माई मुझे बहुत परेशान करती है। मुझे बैठना पड़ जाता है।" इसके बाद मेरी पत्नी बिना किसी इलाज के स्वस्थ हो गयी।

आंखों की रोशनी वापस आ गयी:

नीम करोली बाबा की कहानीचमत्कारों से भरी है। एक बुजुर्ग व्यक्ति उन दिनों बाबा की सेवा में थे। एक दिन उनकी दोनों आंखों की रोशनी चली गयी। ये बात बाबा को बताई गई तो उन्होंने कहा, "समर्थ गुरु रामदास ने अपनी माँ की आंखें ठीक की थीं। दुनिया में ऐसा कोई दूसरा संत नहीं है, जो यह कर सके।"

इसके बाद नीम करोलीमहाराजने एक अनार मंगा कर खाया और अपना कम्बल सिर से ओढ़ लिया। उनकी आंखों से खून निकल रहा था। थोड़ी देर बाद बाबा ने कम्बल हटाया तो सब कुछ सामान्य था। आश्चर्यजनक रूप से उन बुजुर्ग की आंखें भी ठीक हो गईं थीं।

बाबा ने उनसे कहा कि अब तुम अपने कारोबार से रिटायर हो जाओ और अपनी आध्यात्मिक उन्नति की ओर ध्यान दो। अगले दिन जब डॉक्टर बुजुर्ग की आंखें चेक करने आये तो उनकी आंखों को रोशनी वापस देखकर बोले यह असंभव है। किसने ऐसा किया? जब उन्हें बताया गया कि बाबा की कृपा से यह संभव हुआ। उन्होंने बाबा से मिलना चाहा लेकिन बाबा जा चुके थे।

डॉक्टर साहब भागते हुए स्टेशन पहुंचे तो बाबा ट्रेन में बैठ चुके थे। जैसे ही डॉक्टर उनके सामने पहुंचे बाबा ने लोगों से कहा, "देखो ये कितने काबिल डॉक्टर हैं, इन्होंने एक बुजुर्ग की आंखें ठीक कर दीं।" बाबा हमेशा ऐसा ही करते थे। वे अपने किये चमत्कारों को किसी दूसरे का काम बता देते थे।

हालांकि वे बुजुर्ग बाबा की आज्ञा का पालन नहीं कर सके। थोड़े दिन बाद वे पुनः अपने काम पर लौट गए। जिसके बाद उनके आंखों की रोशनी फिर से चली गयी।

तेल की जगह पानी का प्रयोगः

एक बार बाबा कैंची धाम से कहीं जा रहे थे। ड्राइवर ने बताया कि गाड़ी में पेट्रोल बहुत कम है। ज्यादा दूर नहीं चल पाएगी। बाबा ने कहा चलो देखा जाएगा। कुछ दूर जाकर गाड़ी का पेट्रोल खत्म हो गया। बाबा ने देखा पास में एक नदी बह रही थी। महाराज जी ने ड्राइवर से एक डिब्बा पानी नदी से लेकर गाड़ी में डालने को कहा। पानी डालने के बाद गाड़ी चल पड़ी और सकुशल गंतव्य तक पहुंच गई।

ऐसे ही एक दूसरी घटना में, नीम करौली बाबा के पटना के भक्त सुधीर सिन्हा ने बताया कि एक बार कैंची धाममें भंडारा चल रहा था और घी खत्म हो गया। अभी भारी भीड़ खाने के लिए इंतज़ार कर रही थी। जब बाबा को पता चला तो उन्होंने एक भक्त से कहा कि जाओ पास वाली नदी से दो टीन घी उधार मांग लाओ। भक्त गया और दो टीन नदी से पानी भर लाया। कड़ाह में डालते ही पानी घी में बदल गया। भंडारा पूरा होने के बाद महाराजजी ने दो टीन घी मंगवाकर नदी में डलवा दिया।

इशारा देकर प्राण बचायेः

अल्मोड़ा के दिवाकर पंत की तबियत एक दिन अचानक खराब हो गयी। रात होते होते स्थिति नाजुक हो गयी। पहाड़ में रात के समय डॉक्टर को बुलाना संभव नहीं था। सब सुबह होने का इंतजार कर रहे थे।उनकी पत्नी का रो रो कर बुरा हाल था। अचानक उन्हें लगा कि बाबा नीम

करौली उनका कंधा पकड़ कर हिला रहे हैं। वे एक दवा देकर कह रहे हैं कि ये दवा पिला दो यह ठीक हो जाएगा। बदहवासी में उसे यह सोचने का भी ध्यान नहीं रहा कि महाराजजी यहां कैसे आ गये और केवल उसे ही क्यों दिख रहे हैं?

उसने जल्दी से उठकर वही दवा दिवाकरजी को पिला दी। दवा पीने के बाद दिवाकर जी की हालत और बिगड़ गयी। वे हिंसक हो उठे और अनापशनाप बकने लगे। परिवार के लोग पत्नी को कोसने लगे कि पता नहीं कौन सी दवा पिला दी।

पत्नी को खुद भी नहीं पता था कि कौन सी दवा पिलाई है, इसका नाम क्या है? ये कहाँ से आई और क्या काम करती है? किसी तरह सुबह हुई। डॉक्टर आये चेकअप हुआ और डॉक्टर ने बताया कि अब चिंता की कोई बात नहीं।

रात को पिलाई दवा की शीशी देखकर डॉक्टर ने पूछा यह दवा किसने दी? सबने पत्नी की ओर इशारा किया। वह बेचारी अपराधबोध से ग्रस्त बुरी तरह रोये जा रही थी। डॉक्टर ने कहा," बेटी तुमने बहुत अच्छा काम किया । इस दवा का नाम कोरोमाइन है। इसी ने तुम्हारे पति के प्राण बचा लिए।

Author

डॉ॰ अंशुमाली पाण्डेय

डॉ अंशुमली पाण्डेय शिक्षा, आतिथ्य, पर्यटन और जनजातीय भोजन के क्षेत्र में एक प्रसिद्ध और विश्वसनीय नाम हैं। वह पेशे से एक शिक्षक और रसोइया है, और एक लेखक, एक बिजनेस ऑडिटर और भारतीय उपमहाद्वीप के भीतरी इलाकों में एक शौकीन चावला यात्री भी है। डॉ अंशुमली पाण्डेय एक हॉस्पिटैलिटी एजुकेटर (पीएचडी) हैं, जो उच्च शिक्षा, कार्यालय प्रशासन, पे रोल, मानव संसाधन, श्रम कानून, लेखा परीक्षा, और खरीद और निविदा प्रक्रिया में माहिर हैं। वे 43 प्रकाशनों के लेखक हैं, जिनमें 28 पुस्तकें हैं।

अंशुमली पाण्डेय द्वारा लिखित पुस्तकें उनके 25 वर्षों के पेशेवर जीवन के अनुभव से उत्पन्न होने वाली और उनके पसंदीदा विषयों पर सटीक सटीक लेखन हैं। हॉस्पिटैलिटी सेक्टर चैंपियन को कई क्षेत्रों में विशेषज्ञ होने की आवश्यकता है और डॉ पाण्डेय उनमें से एक हैं। उनका ज्ञान उन विषयों के विभिन्नता से स्पष्ट है, जिन्हें उन्होंने अब तक

अपनी पुस्तकों के लिए चुना है, जो एक विशेषज्ञ शेफ होने से लेकर मानव संसाधन के मास्टर तक, शिक्षा और बच्चों के लिए प्यार और आध्यात्मिकता के साथ ओत प्रोत हैं।

लेखक द्वारा लिखित पुस्तकें हैं -

1. Theory of Indian Cookery
2. Beauty and Irony of Silvassa Tourism
3. A Short Indian Food Story
4. Be Your Own Guide to Indian Cuisine
5. Cookery Fundamentals
6. History of Indian Food
7. The Great Indian Story Book for Children
8. Personal Budget: Easy Work Book
9. Online Classes Log Book
10. Dictionary Making Work Book for School Children
11. The Lazy Bed
12. Hindu Dharm (हिन्दू धर्म) (In Hindi Language)
13. Where is my coffee?
14. Your First Job is Never your Last (Volume 1)
15. You are Almost There (Quick Fix Resume and Interview Hacks)
16. Working for the Enemy? - A lesson in Career Management
17. Public Speaking for the Young
18. A Date With Coffee
19. How to be The Best Hotel Front Office Employee
20. Diploma in Food Production, The complete Syllabus
21. Diploma in F&B Service, The Complete Syllabus
22. Diploma in Front Office, The Complete Syllabus
23. The Time to Speak is Now
24. Munshi Premchand (Short Stories in English)
25. The Housekeeping Department, Text Book

26. Hitchhiker's Guide to Trekking in Uttarakhand
27. Uttarakhand, A divine Land for a Reason
28. Bachhon ke liye rochak kahaniyan (बच्चों के लिए रोचक कहानियाँ) (In Hindi Language)

मेरे साथ जुड़ें: anshumali.pandey@gmail.com
https://notionpress.com/author/337004

Please scan the QR code for Author and his books.

www.ingramcontent.com/pod-product-compliance
Lightning Source LLC
LaVergne TN
LVHW021942220826
846092LV00010B/1208

9798886419030